Impressum/Inhalt

Inhalt

Vorworte 4

Kapitel 1 Sicher gebunden von Anfang an 6
Von Prof. Peter Zimmermann

Kapitel 2 „Mein Kind hat doch kein Stroh im Kopf!" 14
Von Prof. Gerald Hüther

Kapitel 3 „Schau mal, was ich schon kann!" 24
Von Dr. Gabriele Haug-Schnabel

Kapitel 4 Kleine Kinder schützen, große Kinder unterstützen! 32
Von Dr. Paula Bleckmann und PD Dr. Thomas Mößle

Ein echt tolles Team! 38
Kurzgeschichte

Kapitel 5 Das Gefühl für den Augenblick 42

Kapitel 6 Den eigenen Körper wahrnehmen 56

Kapitel 7 Voll motiviert?! 68

Kapitel 8 Zuversichtlich in die Welt hinaus 76

Kapitel 9 Aktiv und bewegend 86

Kapitel 10 Welche Rolle spielt das Essen? 98

Kapitel 11 Regeln, Grenzen und Rituale 106

Kapitel 12 Von dir zu mir, von mir zu dir 116

Literatur, Links & Adressen 124

Vorworte

Kinder sind wichtig. Kinder sind unsere Zukunft. Fragen Sie Eltern – egal, aus welcher Kultur und/oder Bildungsschicht: Alle können, alle werden diese Aussagen bestätigen.

Doch aufgrund von Leistungsdruck, einer gesteigerten Informationsflut oder Reizüberflutung wird es für Kinder immer schwieriger, die eigene Persönlichkeit mit einem entsprechenden Selbstwertgefühl herauszubilden, um so in eine gesunde und sichere Zukunft zu starten. Selbstfindung, Einordnung in einer sich ständig wandelnden, mehr und mehr vernetzten Welt, stellt Kinder vor eine große Herausforderung. Kein Wunder, dass Krankheiten wie ADS oder ADHS gerade in Deutschland auf dem Vormarsch sind. Immer mehr Kindern werden deshalb sogar Medikamente verschrieben. Doch diese sorgen nicht für das Ausbilden von Selbstvertrauen und Selbstbewusstsein.

Was können Eltern dafür tun, ihren Kindern Halt und Bestätigung zu geben?

Wie können Eltern bei Symptomen von Überforderung bei den Kindern gegensteuern?

Wie wird die Konzentrationsfähigkeit ihrer Kinder gefördert?

Welche Möglichkeiten gibt es für Eltern, ihren Kinder einen sinnvollen Umgang mit Medien jeglicher Art zu vermitteln?

Wie können Eltern den natürlichen Bewegungsdrang ihrer Kinder fördern?

Muss Erziehung sein?

Sie halten den Ratgeber „Du bist mir wichtig!" in den Händen, der sich mit diesen Fragen konstruktiv auseinandersetzt. Er unterstützt zugleich bei der anspruchsvollen Aufgabe, Kindern Stabilität und Selbstvertrauen zu vermitteln, und er motiviert einfühlsam und humorvoll, alltagstaugliche Entspannungsmöglichkeiten zu etablieren. Damit Ihr Zuhause ein gesunder, sicherer und geborgener Ruheort bleibt oder wird.

Viel Freude beim Lesen und Ausprobieren der praktischen Tipps und Anregungen wünscht Ihnen herzlichst Ihr

Jürgen Rothmaier
BARMER GEK Vorstand

Vorworte

Kinder – und Erziehungsverantwortliche – stehen zunehmend unter Druck. „Entwickelt sich mein Kind gut?", fragen sich beispielsweise Eltern, wenn ihr Kind durch lebhaftes oder trotziges Verhalten auffällt. „Wird es den Anforderungen von Kindergarten und Schule gerecht? Kann es das überhaupt?" Und vor allem: „Was brauchen Kinder, um sich gesund entwickeln zu können?"

Auf diese Frage gibt es sicher viele denkbare Antworten: ein Zuhause, genug zu essen, Kleidung, Bewegung, Spielgefährten, liebevolle Eltern, Schulbildung ...

Alle Antworten sind richtig. Es sind die Dinge, die uns zuerst einfallen, wenn wir darüber nachdenken, was Kinder brauchen, was wir ihnen geben können. Unschätzbar wertvoll sind für Kinder aber vor allem zwei Dinge: Selbstvertrauen und Stabilität.

Was Kinder erleben, mit wem und wie sie aufwachsen, womit sie sich in ihrer Freizeit beschäftigen – alles sollte letztlich dazu beitragen, Selbstvertrauen und Stabilität zu fördern. Beides können alle Menschen, die Kinder beim Aufwachsen begleiten, von Anfang an fördern. Die Gestaltung von Zeit spielt dabei die Hauptrolle.

Gute Ratschläge lesen sich leicht, sind aber nicht immer einfach umzusetzen. Lassen Sie sich deshalb nicht entmutigen, wenn es mit guten Vorsätzen und Vorhaben nicht gleich klappt. Auch kleine Schritte bringen uns weiter. Nehmen wir unsere Kinder so an, wie sie sind. Jedes ist anders.

Ich wünsche Ihnen ein verständnisvolles, motivierendes Umfeld, Achtsamkeit und Gelassenheit bei allem, was Sie sich für Ihre Familie vornehmen.

Simone Linden
Geschäftsführerin Mehr Zeit für Kinder e. V.

Wir danken dem Sponsor Ostseeheilbad Dahme für seine Unterstützung.

Sicher gebunden von Anfang an

Von Prof. Peter Zimmermann, Abteilung für Entwicklungspsychologie, Bergische Universität Wuppertal

Vom Wesen und Sinn der Eltern-Kind-Bindung

Bei kleinen Kindern kann man es am häufigsten beobachten: Sie spielen oder erkunden die Welt, dann bemerken sie plötzlich jemand Fremden und laufen zu Mama oder Papa, schmiegen sich an, halten sich fest und dann schauen sie von dort wieder zu dem Fremden, neugierig, aber in Sicherheit.

Dies ist ein typisches Beispiel für Bindungsverhalten. Ein Kind sucht die Nähe von vertrauten Personen oder versucht zum Beispiel durch Weinen oder Rufen zu zeigen, dass es Angst hat, traurig ist, gestresst ist, aber auch, dass es müde oder krank ist. Immer dann, wenn es negative Emotionen erlebt und sich überfordert dabei fühlt, selbst für sich zu sorgen, wird der Wunsch nach Nähe ausgelöst. Dieses Bedürfnis besteht bis in das Erwachsenenalter hinein. Allerdings sind Erwachsene besser in der Lage, sich selbst zu beruhigen, wieder aufzumuntern oder die missliche Lage selbst zu verändern. Sie sind meist schon erfahren und geübt darin, mit ihren Gefühlen umzugehen. Trotzdem suchen auch Erwachsene in überfordernden Situationen noch die körperliche oder emotionale Nähe von vertrauten Personen.

Kinder suchen auch aus anderen Gründen die Nähe ihrer Bezugspersonen, zum Beispiel, wenn sie sich freuen, dass ihnen etwas besonders gut gelungen ist, und vor allem dann, wenn sie bereits das Gefühl von Stolz entwickelt haben. Dies ist jedoch kein Bindungsverhalten, sondern der Wunsch, die eigene Leistung honoriert zu bekommen, sich kompetent zu fühlen.

Der Wunsch nach Nähe und Bindung tritt bei Menschen immer dann auf, wenn sie sich unsicher fühlen. Das Bedürfnis nach Nähe bei Angst ist also kein Zeichen von Unreife, sondern eine sinnvolle Strategie der Beruhigung, die – wenn man richtig auf sie reagiert – dazu führt, dass die Nähe der Bezugsperson nur für begrenzte Zeit gebraucht wird.

Kinder brauchen nicht nur körperliche, sondern auch emotionale Nähe und Anregung. Auch heute noch zeigen Studien mit Heimkindern, die länger als sechs Monate in emotional und sozial sehr wenig förderlichen Umgebungen aufwuchsen, dass sie trotz späterer Adoption und guter Versorgung bis zum Alter von 11 Jahren schlechtere schulische Leistungen erbringen, große Aufmerksamkeitsprobleme und Symptome von Bindungsstörungen aufweisen. Hier fehlten frühe emotionale Sicherheit und Trost völlig und dies führte zu langfristigen Beeinträchtigungen.

Bindungspersonen und Bindungsmuster

Kinder lassen sich nicht von jedem trösten, Erwachsene übrigens meist auch nicht. Das wird oft vergessen. Bindungspersonen sind nicht austauschbare Vertrauenspersonen. Es braucht Zeit, bis Kinder deren Trost akzeptieren oder suchen. Man kann zwar feststellen, dass bereits Neugeborene die Stimme ihrer Mutter wiedererkennen und sie bevorzugen, aber Bindungsverhalten wird erst ab circa drei Monaten gezielter an die Bezugspersonen gerichtet. Ihre ersten wirklichen selektiven vertrauten Beziehungen bauen Kinder zwischen sechs Monaten und einem Jahr auf. Allerdings unterscheiden sich Kinder schon sehr früh darin, welche Qualität diese Beziehung hat. Selbst in der gleichen Familie können die Kinder unterschiedliche Bindungen zu Mutter oder Vater entwickeln.

Meist haben Kinder eine *sichere Bindung* zur Mutter oder zum Vater. Durch diesen Kontakt werden sie in ungewohnten Situationen relativ rasch wieder beruhigt und können sich wieder der Außenwelt zuwenden, diese erkunden oder in ihr spielen, auch ohne die Eltern. Die Eltern dieser Kinder sind in der Regel emotional verfügbar und feinfühlig.

Bei einer *unsicher-vermeidenden Bindung* zeigen Kinder negative Gefühle von Angst oder Trauer nicht, sondern tun so, als wäre alles in Ordnung. Sie vermeiden dann die Nähe zur Bindungsperson und die Kommunikation der eigenen negativen Gefühle, blicken bei Belastung weg oder auf Spielsachen, sind aber nicht abweisend gegenüber dem Elternteil. Indem sie sich ablenken, versuchen diese Kinder, ihre Emotionen alleine zu regulieren. Das gelingt ihnen aber nicht, wie man am Herzschlag oder der Konzentration des Stresshormons Cortisol in ihrem Körper erkennen kann. Die Eltern dieser Kinder sind häufig zurückweisend, wenn die Kinder anfangs mit ihren emotionalen Bedürfnissen zu ihnen kommen. Die Kinder verlernen, bei wirklicher Belastung ihre Gefühle klar und deutlich auszudrücken. Deshalb wissen die Eltern dieser Kinder später auch nicht genau, was in ihren Kindern vorgeht.

Das dritte Bindungsmuster ist das *unsicher-ambivalente Bindungsmuster*. Diese Kinder sind in emotionalen Belastungssituationen gegenüber der Bezugsperson sehr weinerlich und anklammernd, wollen Trost und Nähe. Sie sind durch die

Bezugsperson kaum oder nur schwer zu beruhigen und schwanken weinerlich oder ärgerlich zwischen dem Wunsch nach engem Kontakt zur Bezugsperson und dem Widerstand dagegen. An ein Erkunden der Außenwelt ist lange Zeit nicht mehr zu denken, weil die Kinder länger brauchen, um sich wirklich zu beruhigen und wieder sicher zu fühlen. Wenn sie älter sind, zeigen diese Kinder sich kleinkindhafter und reden über ihre Gefühle oft nur indirekt. Die Eltern dieser Kinder sind im Alltag meist aufmerksam gegenüber den Gefühlen ihrer Kinder, es gelingt ihnen aber nicht oft, sie wirklich zu beruhigen oder zu trösten.

Diese drei Bindungsmuster zeigen sich nur, wenn die Kinder negative Emotionen erleben. Sind die Kinder gut gelaunt oder in bekannter Umgebung, kann man dieses Verhalten in ähnlicher Weise nicht feststellen. Auch ist das Suchen von Nähe zu Erwachsenen generell nicht immer ein Zeichen von Bindung. Kinder, die auch bei fremden Personen schnell Nähe und Körperkontakt suchen, sind in der Regel nicht sicher gebunden. Bindungssicherheit zeigt sich darin, wie wirksam negative Gefühle durch vertraute Personen aufgefangen werden, im Wechsel zwischen dem Suchen nach einem „sicheren Hafen" bei Gefahr und der Zuversicht und Bereitschaft, von dieser sicheren Basis aus die Welt zu erkunden.

Sichere Bindung fördern – aber wie?

Wichtige Voraussetzungen sind, dass das Kind weiß, wo die Bindungsperson ist, dass sie dort für das Kind auch erreichbar ist, wenn es Trost und emotionale Unterstützung braucht, und dass die Bindungsperson dann auch unterstützend und wirklich helfend reagiert. Dies sieht für Kinder unterschiedlicher Altersstufen jeweils anders aus, weil sie sich in ihrer Fähigkeit zum eigenständigen Umgang mit ihren Emotionen unterscheiden. Ältere Kinder oder Jugendliche brauchen nicht immer die körperliche Nähe; es reicht ihnen schon, dass sie psychologische Nähe erhalten, also ein Gespräch über belastende Ereignisse oder Gefühle möglich ist. Bei Älteren kann das auch per Telefon stattfinden. Bindungsverhalten bleibt es dennoch, nur die Kommunikationsform ändert sich.

Ein Kind entwickelt dann mit größerer Wahrscheinlichkeit eine sichere Bindung, wenn sich die Betreuungsperson feinfühlig verhält, das heißt: die Bindungssignale des Kindes wahrnimmt, richtig interpretiert, prompt und angemessen darauf reagiert. Man braucht also eine gewisse Aufmerksamkeit für das Kind, sonst bemerkt man nicht, was das Kind braucht, oder man bemerkt es erst dann, wenn das Kind schon sehr emotional erregt ist. Dann braucht man viel länger, um das Kind wieder zu beruhigen.

Die richtige Interpretation ist notwendig, damit man das passende Fürsorgeverhalten wählt; prüfen kann, ob das Kind zum Beispiel Angst oder Hunger hat, und auch erkennt, wenn das Kind wieder beruhigt ist und man wieder die Autonomie des Kindes zulassen kann. Die prompte Reaktion ist vor allem im Säuglingsalter wichtig, damit Kinder lernen, dass ihr Schreien und Rufen auch mit der Reaktion der Bezugsperson in Verbindung steht. Ab einem Alter von etwa vier Jahren entwickeln Kinder Verständnis dafür, dass Eltern auch andere Absichten haben und deshalb nicht immer sofort reagieren.

Bezugspersonen sollten sich Gedanken darüber machen, was die Bedürfnisse, Absichten, Wünsche und Gefühle des Kindes sind. Dies mit einzubeziehen oder sich in die Situation des Kindes zu versetzen – zum Beispiel: „Wie wäre es mir ergangen und was hätte ich mir gewünscht, wenn ich das gerade erlebt hätte?" –, erleichtert es, angemessen zu reagieren. Allerdings sind die Bedürfnisse des Kindes nicht notwendigerweise die gleichen wie die des Elternteils. Manchmal ist der eigene Wunsch nach Nähe der Auslöser für das Kuscheln mit dem Kind. Feinfühlig ist es dann von Elternseite, das Kind nicht dazu zu zwingen.

Eigene Bindungserfahrungen spielen eine Rolle

Das elterliche Verhalten dem Kind gegenüber hängt auch von den eigenen Bindungserfahrungen und deren Verarbeitung ab. Die Qualität der Bindung eines Kindes an den jeweiligen Elternteil lässt sich dadurch sehr gut vorhersagen, auch bereits vor der Geburt des Kindes. Häufig gibt man, ohne dass man es im Alltag bemerkt, eigene Bindungserfahrungen an die Kinder weiter. Das muss aber nicht zwangsläufig immer der Fall sein.
Das eigene Kind kann trotz vielleicht ungünstiger Kindheitserfahrungen der Bezugsperson eine sichere Bindung entwickeln, wenn man

- als Elternteil zu verstehen versucht, warum die eigenen Eltern so wenig Unterstützung geben konnten
- negative Erfahrungen wie Zurückweisung auch als solche bewertet, statt sie zu beschönigen
- sich in Situationen, die Fürsorglichkeit erfordern, an eigene Erfahrungen erinnert.

Studien haben gezeigt, dass Fürsorgeerfahrungen und Verständnis in der Partnerschaft hier sehr hilfreich sind.

Bei Vätern stellt man häufiger fest, dass sie mehr mit Kindern spielen, als in Fürsorgesituationen mit dem Kind zu interagieren. Deshalb findet man, dass bei Vätern vor allem die Spielfeinfühligkeit mit einer sicheren Bindung, also dem richtigen Interpretieren der Bedürfnisse, Ziele und Absichten des Kindes, einhergeht. Väter, welche die emotionalen und spielerischen Bedürfnisse ihres Kindes erkennen, während sie gleichzeitig auch dessen Autonomie herausfordern und Kompetenz fördern, haben eher sicher gebundene Kinder. Väter, die viel Zeit mit ihren Kindern verbringen, aber dabei schlecht gelaunt sind und wenig konstruktiv spielen, haben eher Kinder, die an sie unsicher gebunden sind. Allerdings: Auch Väter können trösten und emotional fürsorglich sein.

Sind alle Kinder gleich?

Bereits Säuglinge sind von Natur aus darauf vorbereitet, mit Menschen Kontakt aufzunehmen. Sie schauen gerne Gesichter an, können den Gefühlsausdruck in Gesichtern unterscheiden und reagieren erst auffordernd und dann gestresst darauf, wenn man den Kontakt mit ihnen unterbricht, sie zwar ansieht, aber nicht mehr reagiert. Dennoch gibt es bereits ab der Geburt Unterschiede darin, wie leicht sich die Kinder an sozialen Reizen orientieren, wie leicht sie reizbar sind oder wie lange sie brauchen, bis sie sich wieder beruhigen.

Es gibt auch molekulargenetische Unterschiede – sie betreffen zum Beispiel das Serotonin- oder das Dopaminsystem –, die mit Schwierigkeiten in der eigenständigen Regulation von Aufmerksamkeit und Verhalten der Kinder zusammenhängen. Das macht es den Eltern schwerer, das Kind zu steuern oder emotional zu regulieren. Sie erleben ihr Kind als schwierig und brauchen oft viel mehr Geduld und Ausdauer, als sie glauben, aufbringen zu können.

Diese Kinder brauchen mehr Feinfühligkeit, mehr Geduld und wiederholte Bemühungen beim Beruhigen, beim Anleiten, was sie tun und wie sie etwas machen sollen. Dann – so zeigt die Forschung – entwickeln diese Kinder nicht nur ebenso häufig sichere Bindungen an ihre Eltern; sie haben später ein ebenso gutes Ausmaß an eigener Selbststeuerung, Aufmerksamkeitslenkung und sozialer Kompetenz wie Kinder ohne diese genetische Disposition. Besonders wichtig ist es dabei, diese Kinder wirklich zu beruhigen. Manche Kinder und Erwachsene reagieren stärker emotional auf schwierige Situationen. Wenn man das berücksichtigt, wird man seinem Kind eher gerecht als mit einem Verweis auf andere Kinder, die sich ohne große äußere Hilfe regulieren und selbst steuern können.

Wie wirkt sich die Eltern-Kind-Bindung später aus?

Eine sichere Bindung ist eine gute Ausgangsbasis für die spätere Entwicklung, wie ein Basislager beim Aufstieg auf einen Berg. Eine sichere Bindung kann bereits ab dem ersten Lebensjahr die Entwicklung und den Aufbau späterer alterstypischer Kompetenzen erleichtern und bei weiteren alterstypischen Entwicklungen helfen. Ein Kind mit einer sicheren Bindung kann negative Emotionen effektiv mithilfe seiner Bezugspersonen regulieren.

Die nächste Entwicklungsstufe – die Entwicklung von Autonomie im Alter von etwa zwei Jahren – wird dadurch positiv beeinflusst, dass Kinder, wenn sie sich sicher fühlen, eher die Welt nach Interessantem erkunden. Die Kinder können sicher sein, dass sie Unterstützung erhalten, und erforschen deshalb gerne und ausdauernd ihre Umwelt, auch wenn nicht alles sofort klappt. Sie kommen aber auch in den sicheren Hafen der Bezugsperson zurück, wenn ihr Bindungssystem aktiviert ist und die Situation noch nicht alleine zu meistern ist. Sie nutzen die Unterstützung der Bezugsperson, um dann wieder alleine weiterzumachen – natürlich nur, sofern es auch etwas Anregendes oder Interessantes zu tun gibt. Es hat sich übrigens gezeigt, dass Kinder mit sicherer Bindung in einer Wettbewerbssituation beim drohenden Verlieren trotzdem noch ihre Anstrengung erhöhen, um zu gewinnen, während Kinder mit unsicherer Bindung angesichts des drohenden Verlierens eher aufgeben.

Die nächsten Entwicklungsstufen – der Aufbau der Beziehungen zu Gleichaltrigen und die Verbesserung der Selbststeuerung – werden ebenfalls von der früheren Bindungsqualität beeinflusst. Im Kindergartenalter sind Kinder mit sicherer Bindung weniger aggressiv oder anhänglich und sie zeigen in ihrer Persönlichkeit bereits mehr Flexibilität und mehr Belastbarkeit.

Im Schulalter zeigen sich Auswirkungen der Bindungsqualität auf das Sicheinfügen in die Klassengemeinschaft und auf die Leistungsmotivation. Bis ins Jugendalter lassen sich Auswirkungen feststellen. Jugendliche mit sicherer Bindung zu ihrem Vater sind bei Problemlöseaufgaben, bei denen sie nicht weiterkommen und sich hilflos fühlen, eher kooperativ gegenüber ihren Freunden. Bei unsicherer Bindung und dem Gefühl der Unsicherheit sind Kinder hingegen häufiger ausgrenzend und

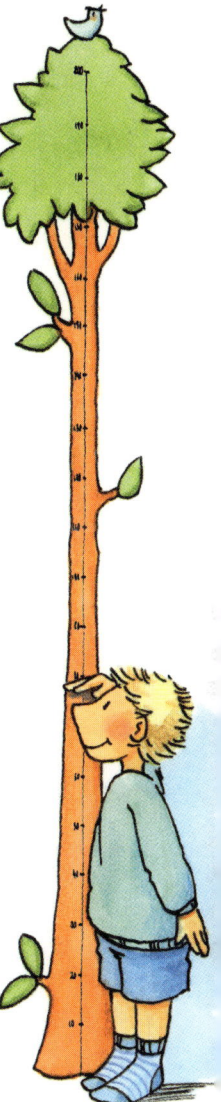

zurückweisend gegenüber den Vorschlägen der Freunde. Auch in diesem Alter sind Bindungsunterschiede aber immer erst dann deutlich, wenn negative Gefühle mit Überforderung auftreten.

Arbeitsmodelle von sich und den Eltern

Neben den Effekten auf die Entwicklung des Kindes haben Bindungsmuster und Bindungserfahrungen auch später noch Auswirkungen, da Kinder schon sehr früh so genannte Arbeitsmodelle von sich und den Bezugspersonen aufbauen. Arbeitsmodelle beeinflussen, was wir wahrnehmen, wie wir es interpretieren, welche Erwartungen wir an die Bezugspersonen haben, ob wir vorhersehen, dass die Eltern zurückweisend sein werden oder unterstützend. Solche Modelle steuern – oft ohne, dass uns das bewusst ist –, was wir tun, wenn wir belastet, ängstlich, traurig oder ärgerlich sind, also ob wir alleine sein wollen oder es jemandem mitteilen möchten.

Wir bauen durch die Reaktionen und Kommentare der Eltern auch ein Arbeitsmodell von uns selbst auf, von unseren Fähigkeiten, Eigenschaften und deren Wert. Bei einem Arbeitsmodell von den Eltern als emotional verfügbar und unterstützend bauen Kinder auch eher ein Arbeitsmodell von sich selbst als liebenswert, akzeptiert und fähig, Unterstützung zu bekommen, auf, also ein positives Selbstwertgefühl. Dieses Modell von anderen als eher unterstützend und von sich selbst als wertvoll und effektiv beeinflusst uns im ganzen Leben, in engen Beziehungen, aber vor allem dann, wenn wir in Belastungssituationen kommen.

Arbeitsmodelle werden mit zunehmendem Alter immer stabiler. Sie wirken sich darauf aus, wie ein Kind auf die Eltern und deren Anweisungen reagiert. Hat es ein sicheres Arbeitsmodell von den Bezugspersonen, sind Erziehungsmaßnahmen wirksamer. So haben Studien sowohl bei Kindern als auch Jugendlichen gezeigt, dass bei einer sicheren Bindung die elterliche Vermittlung von Regeln oder die elterliche Kontrolle effektiver ist als bei unsicherer Bindung. Beziehung erleichtert somit Erziehung.

Kann ich später gar nichts mehr ändern?

Der Einfluss von Bindungen im Lebenslauf ist wissenschaftlich nachgewiesen. Aber er ist nicht so zu verstehen, dass damit alle Weichen im Leben gestellt sind. Veränderungen in Bindungsqualitäten finden wir immer wieder, vor allem dann, wenn sich bereits früh die Betreuungssituation des Kindes so verändert, dass die Bezugspersonen feinfühliger werden. Dies ist der Fall, wenn bei Überlastung weitere, dem Kind vertraute Betreuungspersonen als Entlastung dienen können, wenn der Alltagsstress weniger wird oder besser organisiert ist, wenn man bei familiären Problemen oder bei Gesundheitsproblemen professionelle Hilfe bekommt.

Veränderungen in der Bindungsqualität brauchen jedoch Zeit. Je älter ein Kind ist und je belastender und emotional entbehrender die Erfahrungen waren, desto länger dauern Veränderungsprozesse. Das können Pflegeeltern oft feststellen. Wenn Eltern selbst unter Stress stehen, sind sie oft weniger in der Lage, feinfühlig zu sein, weder in der Partnerschaft noch gegenüber Kindern. Solange man dies aber bemerkt, ist man als Elternteil auch in der Lage, dies in der Beziehung zum Kind wieder zu reparieren.

Reicht es aus, feinfühlig zu sein?

Erziehung ist vielfältig. Schutz und emotionale Sicherheit sind wichtig für eine gute Bindung. Durch ihre Erziehungsarbeit fördern Eltern die Selbstständigkeit ihrer Kinder sowie die Fähigkeit zur Kooperation, zur Selbststeuerung, zur Integration in die Gesellschaft. Eltern vermitteln Kindern Wissen, den Umgang mit Regeln und das Gefühl von Kompetenz.

Eltern haben vielfältige Aufgaben bei der Erziehung ihrer Kinder. Manche davon werden ihnen aufgrund ihrer eigenen Persönlichkeit oder ihrer eigenen Erfahrungen im Elternhaus leichter fallen als andere. Entsprechend unterscheiden sich Kinder in den Kompetenzen, die sie lernen können. Aber unter Umständen können sich Eltern hier auch sehr gut durch ihre jeweiligen eigenen Kompetenzen ergänzen. Das Grundprinzip der Feinfühligkeit – nämlich die Anpassung von Fürsorge und Erziehung an das Alter des Kindes, an dessen bereits entwickelte oder sich gerade entwickelnden Fähigkeiten, an dessen aktuellen emotionalen Zustand – ist jedoch ein gutes Prinzip für den Umgang mit Kindern. Es lädt Eltern zum Perspektivwechsel ein – den vergisst man manchmal bei den vielfältigen Anforderungen des familiären Alltags.

„Mein Kind hat doch kein Stroh im Kopf!"

Eine Beschreibung der kindlichen Hirnentwicklung für alle, denen die Entfaltung der in Kindern und Jugendlichen angelegten Potenziale am Herzen liegt – von Prof. Gerald Hüther, Präsident der Sinn-Stiftung und Leiter der Zentralstelle für Neurobiologische Präventionsforschung der Univ. Göttingen und Mannheim/Heidelberg

Nur wer versteht, was im Gehirn eines Kindes vorgeht, kann das Kind auch kompetent auf seinem Weg begleiten und ihm helfen, die in ihm angelegten Talente und Begabungen zu entfalten und zu einer verantwortungsvollen und selbstbestimmten Persönlichkeit heranzureifen. In den letzten zwei Jahrzehnten hat die Hirnforschung neue Erkenntnisse über die Entwicklung des kindlichen Gehirns gewonnen. Manche dieser Entdeckungen bestätigen genau das, was umsichtige Eltern und gute Pädagogen schon immer gewusst haben. Das sind die wichtigsten Botschaften:

- Die Hirnentwicklung beginnt bereits im Mutterleib, wo jedes Kind wichtige Erfahrungen macht, die in seinem Gehirn verankert werden. Deshalb kommt jedes Kind mit einem ganz besonderen Gehirn und ganz besonderen Begabungen zur Welt.
- Damit Kinder die in ihnen angelegten Potenziale entfalten können, brauchen sie ein sicheres Gefühl von Verbundenheit und Zugehörigkeit sowie Aufgaben, an denen sie wachsen und sich erproben können. Sie brauchen außerdem gute Vorbilder, mit denen sie emotional verbunden sind und an denen sie sich orientieren können.
- Die Freude und Begeisterung am eigenen Entdecken und Gestalten bringen alle Kinder bereits mit auf die Welt. Sie darf nicht durch Erziehungs- und Fördermaßnahmen unterdrückt werden. Sonst verlieren Kinder ihren wichtigsten Schatz.
- Es ist nie zu spät, auch wenn es im Verlauf der bisherigen Entwicklung eines Kindes zu Schwierigkeiten gekommen ist, die seine Hirnentwicklung beeinflusst und die Entfaltung seiner Potenziale verhindert haben. Das sich entwickelnde Gehirn ist enorm plastisch – wenn die dazu erforderlichen günstigen Rahmenbedingungen wieder gegeben sind.
- Und das Wichtigste: Auch das Gehirn Erwachsener kann sich noch verändern, wenn es anders als bisher genutzt wird. Deshalb können auch Erwachsene ihre inneren Einstellungen, Vorstellungen und Überzeugungen verändern, wenn sie zu neuen Einsichten kommen, die ihnen unter die Haut gehen und sie emotional berühren.

Wie es losgeht

Die genetischen Anlagen legen nicht fest, wie sich Milliarden von Nervenzellen im sich entwickelnden Gehirn miteinander vernetzen sollen. Sie sorgen lediglich dafür, dass zunächst ein Überschuss an Nervenzellen bereitgestellt wird. Mit jeder eigenen Erfahrung können diese Nervenzellvernetzungen stabilisiert und erhalten werden.

Die ersten Signale, die in zuerst herausgeformten, älteren Bereichen des Gehirns eintreffen, melden den Stand des Entwicklungsprozesses: So „lernt" das Gehirn gewissermaßen anhand der aus dem Körper des ungeborenen Kindes eintreffenden Signalmuster, welche der im Überschuss bereitgestellten Nervenzellen und Nervenzellverknüpfungen tatsächlich „gebraucht" und regelmäßig aktiviert werden. Der Rest wird allmählich abgebaut.

So kommt jedes Kind als unverwechselbares Wesen auf die Welt, mit einem Gehirn, das sehr gut darauf vorbereitet ist, optimal darauf reagieren zu können, was in und mit seinem Körper passiert. Und mit dessen Hilfe es auch fähig ist, eine gute Beziehung zur Mutter aufzubauen. Die Herausbildung einer solchen Sicherheit bietenden Bindung ist entscheidend dafür, dass ein Neugeborenes die von ihm mitgebrachte und in seinem Gehirn angelegte Offenheit für alle möglichen Erfahrungen nicht verliert.

Begeisterung ist Dünger fürs Hirn

Jede neue Entdeckung und jede neue Fähigkeit löst im Gehirn von Kindern einen für uns Erwachsene kaum noch nachvollziehbaren Sturm der Begeisterung aus. Diese Begeisterung über sich selbst und über all das, was es noch zu entdecken gibt, ist der wichtigste „Treibstoff" für die weitere Hirnentwicklung.

Bei jeder neuen Entdeckung, die einem Kind unter die Haut geht, werden die emotionalen Zentren in seinem Mittelhirn aktiviert. Dann setzen diese Zellgruppen vermehrt sogenannte neuroplastische Botenstoffe frei: Diese wirken wie Dünger auf die im Zustand der Begeisterung aktivierten neuronalen Netzwerke und bringen Nervenzellen dazu, all jene Eiweiße vermehrt herzustellen, die für das Auswachsen neuer Fortsätze und für die Neubildung und Stabilisierung von Nervenzellkontakten gebraucht werden. Deshalb lernt jedes Kind all das besonders gut, wofür es sich begeistert. Und Begeisterung entsteht nur, wenn etwas für das Kind bedeutend ist.

Kinder wollen verbunden sein und frei

Es ist für Kinder ein Glück, im Tun mit anderen sich selbst zu entdecken. Wem diese Erfahrung verwehrt bleibt, der wird es später schwer haben. Das Kind lernt dann, dass nicht das gemeinsame Schaffen, sondern nur die enge Beziehung zu einer wichtigen Bezugsperson Glück bedeutet. Kinder versuchen dann alles, um deren Aufmerksamkeit auf sich zu lenken und Sicherheit zu erfahren. Wenn sie älter werden, spüren sie, dass diese enge Beziehung die Entfaltung ihrer eigenen Möglichkeiten behindert. Sie fühlen sich zunehmend eingeengt und unfrei: Auf diese Weise können sie ihr zweites angeborenes Grundbedürfnis nach Wachstum und Autonomie nicht stillen. Die Folgen sind nachhaltig: Die Verknüpfungen der Nervenzellen in ihrem Frontalhirn müssen ja erst noch ausgebildet und stabilisiert werden. Das kann nicht gelingen, wenn Chaos herrscht. Es entstehen Schwierigkeiten beim Lernen.

Aber auch der Erwerb der im Frontalhirn verankerten Kontrollfunktionen und Metakompetenzen wird verhindert: die Fähigkeit, Impulse zu kontrollieren, Frust zu ertragen, Handlungen zu planen, die Folgen seines Tuns abzuschätzen, sich in andere Menschen hineinzufühlen, Verantwortung zu übernehmen und Aufmerksamkeit auf eine Sache zu lenken. Diese Fähigkeiten erwerben Kinder nur durch eigene Erfahrungen und beim Lösen von Herausforderungen.

Diese so wichtige, hirngerechte und sinnvolle Erfahrung findet im Spiel statt. Im Spiel begegnen Kinder anderen Kindern, mit denen sie sich verbunden fühlen. Sie lernen, Konflikte zu lösen und gemeinsam neue Herausforderungen zu meistern. Es ist gut, dass es Eltern oder andere wichtige Vorbilder gibt, die all das, was das Kind erlernen könnte, schon können. Es ist gut, dass es im Gehirn diese wunderbaren Spiegelneuronen gibt, mit deren Hilfe das Kind in der Lage ist, sich bestimmte Bewegungsmuster und Verhaltensweisen abzuschauen und sie nachzuvollziehen.

Die Lernlust ist angeboren

Die Fähigkeit, ständig Neues hinzuzulernen, und die Lust, immer wieder Neues zu entdecken, bringen Kinder mit auf die Welt. Diese Neugier und Entdeckerfreude bleiben immer dann erhalten, wenn das kindliche Gehirn auf ein möglichst breites Spektrum unterschiedlichster Anregungen treffen kann. Die am besten geeigneten Anregungen für noch zu knüpfende oder zu stabilisierende Verschaltungen im Gehirn sind diejenigen, die das Kind von innen, also aus sich selbst heraus entwickelt. Diese vom Kind selbst in Gang gesetzte Suche nach Neuem hat nämlich gegenüber allen von außen an das Kind herangetragenen Anregungen einen entscheidenden Vorteil: Weil das Kind auf der Grundlage seiner bisher erlernten und im Hirn verankerten Fähigkeiten und Fertigkeiten selbst darüber bestimmt, was es an Neuem sucht, können die unter diesen Bedingungen gemachten Lernerfahrungen besonders gut an das bereits vorhandene Wissen angeknüpfen, können also die im Hirn bereits entstandenen Verschaltungsmuster besonders gut erweitert und ergänzt werden.

Immer dann, wenn ein Kind Neues entdeckt, das ein kleines bisschen mehr ist als das, was vorher schon da war, freut es sich. Solange ein Kind oder auch ein Erwachsener noch mit der Suche nach etwas beschäftigt ist, herrscht in seinem Gehirn eine gewisse Unruhe, eine Erregung und Spannung. Sie wird durch das Erfolgserlebnis plötzlich aufgelöst – und immer dann, wenn im Hirn aus Durcheinander Ordnung, aus Erregung Beruhigung wird, entsteht ein Gefühl von Wohlbehagen und Zufriedenheit. Je größer die anfängliche Aufregung war, desto größer wird die Freude, die auch schon ein Kind empfindet, wenn nun wieder alles „passt". Dann bekommt es umso größere Lust, sich erneut auf die Suche zu machen.

Unter diesen Bedingungen wird im Gehirn immer auch eine Gruppe von Nervenzellen erregt, die dann an den Enden ihrer langen Fortsätze bestimmte Botenstoffe freisetzen. Diese werden auch abgegeben, wenn Drogensüchtige Kokain oder Heroin einnehmen. Das lässt erahnen, wie groß diese Lust werden kann, wenn Kinder immer wieder erfolgreich die Welt entdecken. Da es für kleine Kinder noch unendlich viel Neues zu entdecken und in ihren Erfahrungsschatz einzuordnen gibt, wird ihre Lernlust normalerweise nur durch die Phasen der Erschöpfung unterbrochen, die sich einstellen müssen, damit all das, was die Kinder in der Wachphase gelernt und entdeckt haben, im Traumschlaf noch einmal durchgearbeitet, stabilisiert und mit all den anderen bereits vorhandenen inneren Mustern im Hirn verbunden werden kann.

Eigene Erfahrungen sind wichtiger als auswendig gelerntes Wissen

Was Kinder brauchen, um sich im Leben zurechtzufinden, sind eigene Erfahrungen. Nur so können sie unterschiedliche Kompetenzen erwerben und in ihrem Hirn verankern, die sie brauchen, um Herausforderungen annehmen und meistern zu können. Das Fatale daran ist: Diese Kompetenzen lassen sich nicht unterrichten. Das gilt insbesondere für die sogenannten komplexen Fähigkeiten wie

- vorausschauend zu denken und zu handeln (strategische Kompetenz)
- komplexe Probleme zu durchschauen (Problemlösungskompetenz)
- die Folgen des eigenen Handelns abzuschätzen (Handlungskompetenz, Umsicht)
- die Aufmerksamkeit auf die Lösung eines bestimmten Problems zu fokussieren und sich dabei entsprechend zu konzentrieren (Motivation und Konzentrationsfähigkeit)
- Fehler und Fehlentwicklungen bei der Suche nach einer Lösung rechtzeitig erkennen und korrigieren zu können (Einsichtsfähigkeit und Flexibilität)
- sich bei der Lösung von Aufgaben nicht von aufkommenden anderen Bedürfnissen überwältigen zu lassen (Frustrationstoleranz, Impulskontrolle)

Verankert werden diese Metakompetenzen in Form komplexer Verschaltungsmuster in einer Hirnregion, die sich im vorderen Großhirnbereich befindet: im Stirnlappen, dem präfrontalen Kortex. Die in anderen Hirnregionen gespeicherten Gedächtnisinhalte werden in diesen Netzwerken des präfrontalen Kortex zu einem Gesamtbild zusammengefügt und mit den in tiefer liegenden, subkortikalen Hirnbereichen generierten

Signalmustern verglichen. Die so erhaltenen Informationen werden für alle bewussten Entscheidungsprozesse und zur Modifikation bestimmter Verhaltensweisen genutzt. Je nach Erfahrungsschatz und individueller Ausprägung dieser Kontrollfunktionen können verschiedene Menschen ihr Verhalten in einer Situation, die Initiative erfordert, unterschiedlich gut steuern.

Die Region des menschlichen Gehirns, die sich am langsamsten ausbildet, ist der präfrontale Kortex. In seiner Entwicklung wird er vor allem durch das soziale Umfeld, in das ein Kind hineinwächst, beeinflusst. Die dort angelegten neuronalen und synaptischen Verschaltungsmuster werden ausschließlich durch eigene Erfahrungen herausgeformt. Die Fähigkeit, sich erfolgreich Herausforderungen zu stellen, ist keineswegs angeboren oder gar zufällig. Metakompetenzen werden durch Lernprozesse gewonnen, die auf Erfahrung beruhen. Wie gut ihre Ausformung gelingt, liegt in der Hand derer, die das Umfeld eines Kindes gestalten und mit ihm in einer emotionalen Beziehung stehen.

Diese hochkomplexen Verschaltungsmuster innerhalb des Frontalhirns, wie auch zwischen dem Frontalhirn und den anderen Bereichen der Hirnrinde bzw. den tiefer liegenden, sogenannten subkortikalen Netzwerken können nur dann ausgebildet werden, wenn bereits Säuglinge sich selbst und ihre Wirkungen auf andere Menschen wahrnehmen. Diese Fähigkeit erwirbt ein Säugling zunächst durch passives Bewegtwerden wie Schaukeln und Wiegen über die damit verbundene Stimulation seines Gleichgewichtssinnes.
Im weiteren Verlauf seiner Entwicklung wagt er sich immer weiter vor: Kriechen, Krabbeln, Sitzen, Stehen, Laufen, Klettern, Balancieren sind Stationen dieser Welterkennung, die sich in ähnlicher Weise auch in anderen Bereichen – Fühlen, Sehen, Hören – vollzieht. Das wachsende Gefühl von Selbstwirksamkeit ermöglicht es dem Kind, sich allmählich aus der ursprünglichen Abhängigkeit von seinen primären Bezugspersonen zu lösen.

Autobahnen im Gehirn

Wenn Kinder immer wieder die gleichen Erfahrungen machen, wenn sie Probleme immer wieder auf die gleiche Weise lösen, dann können aus den anfangs noch sehr dünnen und verschlungenen Nervenwegen so etwas Ähnliches wie Autobahnen werden, von denen die Kinder später nicht so leicht wieder herunterkommen.

Sogenannte „Autobahnen" entstehen immer dann, wenn ein Kind einen triftigen Grund hat, sein Gehirn so und nicht anders zu benutzen. Wichtig ist auch die strukturierende Kraft der sozialen Beziehungen, in die Kinder hineinwachsen und die sie eingehen, weil sie so Sicherheit und Geborgenheit, Halt und Orientierung finden. Um all das nicht zu verlieren, sind Kinder bisweilen allzu leicht bereit, ihr Denken, Fühlen und Handeln an die oft genug sehr einseitigen Vorstellungen, Erwartungen oder Forderungen derjenigen anzupassen, denen sie sich zugehörig, in deren Nähe sie sich sicher fühlen. Zwangsläufig bilden sich dann in ihrem Gehirn die gleichen Autobahnen heraus, wie sie bereits all jene besitzen, an deren einseitigen Vorstellungen und Zielen sie sich orientieren. Dieser Prozess wird durch überzeugende Belohnung oder Sanktion von Verhaltensweisen unterstützt.

Das Gehirn ist ein soziales Konstrukt

Alles, worauf wir später stolz sind, was uns als Persönlichkeit ausmacht, was wir wissen und können, ebenso wie das, was wir denken und fühlen, ja sogar das, was wir wünschen und träumen, und nicht zuletzt das, was wir als unsere Muttersprache bezeichnen, verdanken wir dem Umstand, dass es andere Menschen gab, die uns bei der Benutzung und Ausformung der für diese Leistungen erforderlichen Verschaltungsmuster in unserem Gehirn geholfen haben. Ohne sie wären wir der äußeren Welt und unseren inneren Antrieben hilflos ausgesetzt, wüssten nicht, worauf wir besonders zu achten haben, hätten nicht gelernt, all die vielen komplexen Bewegungsabläufe und feinmotorischen Handlungen zu steuern, die man nur von anderen Menschen lernen kann, und wir wären auch kaum in der Lage, irgendwelche in uns aufkommenden Impulse zu kontrollieren.

All das und noch vieles mehr muss jedes Kind im Verlauf eines schwierigen und daher auch sehr störanfälligen Prozesses erst erlernen. Unser Gehirn ist in viel stärkerem Maß, als wir bisher geglaubt haben, durch diese anderen Menschen und all das, was diese wiederum von anderen Menschen übernommen haben, strukturiert worden.

Herausforderungen prägen

Kinder, denen die wichtige Erfahrung vorenthalten wird, Dinge selbst bewirken und Probleme selbst lösen zu können, richten sich nur nach ihren eigenen Wünschen, Vorstellungen und Bedürfnissen. Sie bleiben selbstbezogen, trotzig, tyrannisch. Zur Bewältigung der altersentsprechenden Aufgaben fehlen ihnen wichtige Ich-Funktionen wie Interesse und Aufmerksamkeit an der Lösung solcher Aufgaben. Ihr Ich ist zu dünnhäutig, zu überempfindsam und zu reizoffen. Oft fühlen sich diese Kinder überfordert, wenn sie in Kindergarten und Schule gezwungen sind, auf eine bestimmte Weise zu denken und zu handeln. Obwohl das Verhalten dieser Kinder äußerlich entwicklungsgerecht erscheinen mag, sind sie oft in ihrer emotionalen und sozialen Entwicklung auf der Stufe eines Kleinkindes stehen geblieben.

In fataler Weise unterstützt wird diese Entwicklung durch alles, was Kinder daran hindert, in eine aktive Interaktion zu treten, ihre bisher erworbenen Fähigkeiten zu erproben und weiterzuentwickeln. So geht es beispielsweise Kindern, die täglich viele Stunden vor einem Fernsehgerät zubringen. Zur Passivität verurteilt, werden sie mit bunten Bildern, Handlungsfetzen, Aktionsbruchstücken und ständig neuen, emotional erregenden Eindrücken und Angst auslösenden Vorstellungen in Erregung versetzt. Auf ihre Fragen bekommen sie keine Antworten, ihre Vorschläge hört niemand, sie können nichts ändern, nichts verhindern und auch nicht helfend eingreifen. Was in ihnen zurückbleibt, ist die Erfahrung, dass es auf ihr eigenes Denken und Handeln nicht ankommt, dass ihre selbstständige Suche nach Lösungen nutzlos ist, dass das Geschehen abläuft, ohne dass sie selbst darauf Einfluss nehmen können.

Solche Kinder können nur schwer das Gefühl eigener Handlungskompetenz, eigener Gestaltungsfähigkeit und eigener Bedeutsamkeit entwickeln. Sie werden allzu leicht zu Konsumenten. Weil sie keine Gelegenheit hatten, sich selbst einzubringen, fehlt ihnen das Gefühl, dass sie anderen etwas geben können. Sie sind und bleiben damit oft allein, finden keine Freunde, können sich nicht in Beziehungen weiterentwickeln und sind ohne sichere emotionale Bindungen schutzlos ihren Ängsten ausgeliefert.

Was sich unter diesen Bedingungen nicht entwickelt, ist die Fähigkeit zur Integration, Bewertung und Filterung komplexer Wahrnehmungen. Ihre Wahrnehmungen können Kinder nur dann integrieren, wenn diese in einem zusammenhängenden Kontext erlebt werden. Ein Zustand, bei dem zu viele Wahrnehmungen ungeordnet auf einen Menschen einprasseln, ist für Kinder unerträglich. Selbst Erwachsene reagieren unter solchen Bedingungen „kopflos", können sich nicht mehr konzentrieren, werden hektisch und unzufrieden, bis sich dieser Zustand womöglich gar in einem impulsiven Wutausbruch entlädt. Betroffenen Kindern geht es erst recht so: Sie sind dauernd in Bewegung, leicht ablenkbar und finden nur schwer eine konstruktive Beziehung zu anderen Kindern. Oft sind sie sich keiner Grenzen und Gefahren bewusst. Sie platzen mit Antworten heraus, ohne das Ende einer Frage abzuwarten, und unterbrechen andere ohne Hemmungen. Unfähig, sich längere Zeit auf eine gestellte Aufgabe zu konzentrieren, haben diese Kinder spätestens nach der Einschulung gravierende Probleme. Am deutlichsten treten diese Defizite zutage, wenn die Anforderungen steigen.

Kann ein Erwachsener seine komplexen Verschaltungen im Vorderhirn zur Lösung von Problemen eine Zeitlang wegen Überlastung, Angst und Stress nicht benutzen, so bleiben sie ihm doch erhalten. Er kann später wieder darauf zurückgreifen. Ein Kind muss diese Verschaltungen erst entwickeln. Aber es kann sie nur dann in seinem Frontalhirn ausbilden, festigen und bahnen, wenn ihm auch die Möglichkeit geboten wird, diese komplexen Verschaltungen erfolgreich zur Lösung seiner Probleme und zur Bewältigung neuer Anforderungen zu nutzen. Dazu braucht jedes Kind – je kleiner es ist, umso mehr – Reizschutz (in Form sicherer emotionaler Beziehungen) und Orientierungshilfen (in Form kompetenter, Orientierung bietender Erzieher und Erziehungshilfen wie Rituale, Geschichten, Märchen und Spiele). Findet ein solches Kind auch später niemanden, der ihm hilft, dieses Defizit zu überwinden, wird es sich nicht anders gegen Überlastung, Angst und Stress wehren können, als durch Hektik, sprunghafte Aufmerksamkeitswechsel und gelegentliche Wutausbrüche.

Orientierung geben

Damit es Kindern gelingt, den Anforderungen, Angeboten und Erwartungen gerecht zu werden, brauchen sie Orientierungshilfen, also äußere Vorbilder und innere Leitbilder. Nur unter dem einfühlsamen Schutz und der kompetenten Anleitung durch erwachsene „Vorbilder" können Kinder vielfältige Gestaltungsangebote auch kreativ nutzen, dabei ihre eigenen Fähigkeiten erkennen und weiterentwickeln. Nur so kann im Frontalhirn ein eigenes, inneres Bild von Selbstwirksamkeit stabilisiert und für die Selbstmotivation in allen nachfolgenden Lernprozessen genutzt werden. Die Herausbildung komplexer Verschaltungen im kindlichen Gehirn kann nicht gelingen,

„Mein Kind hat doch kein Stroh im Kopf!"

- wenn Kinder in einer Welt aufwachsen, in der die Aneignung von Wissen und Bildung keinen Wert besitzt („Spaßgesellschaft")
- wenn Kinder keine Gelegenheit bekommen, sich aktiv an der Gestaltung der Welt zu beteiligen (passiver Konsum von Lernstoffen und Medienangeboten)
- wenn Kinder keine Freiräume mehr finden, um ihre eigene Kreativität spielerisch zu entdecken (Funktionalisierung)
- wenn Kinder mit Reizen überflutet, verunsichert und verängstigt werden (Überlastung)
- wenn Kinder daran gehindert werden, eigene Erfahrungen bei der Bewältigung von Schwierigkeiten und Problemen zu machen (Verwöhnung)
- wenn Kinder keine Anregungen erfahren und mit ihren spezifischen Bedürfnissen und Wünschen nicht wahrgenommen werden (Vernachlässigung).

Das Gehirn lernt immer, und es lernt das am besten, was einem Kind hilft, sich in der Welt zurechtzufinden und Herausforderungen zu bewältigen. Das Gehirn ist auf das Lösen von Problemen programmiert. Und da fast alles, was ein heranwachsender Mensch lernen kann, innerhalb des sozialen Gefüges und des jeweiligen Kulturkreises direkt oder indirekt von anderen Menschen „bezogen wird" und der Gestaltung der Beziehungen zu anderen Menschen „dient", wird das Gehirn als Sozialorgan gebraucht und entsprechend strukturiert.

Es ist beeindruckend, dass die moderne Gehirnforschung inzwischen imstande ist, all diese Erkenntnisse aus objektiven, jederzeit wiederholbaren und nachprüfbaren Befunden abzuleiten. Es lässt sich inzwischen auch nachweisen, dass Angst, Stress, Überreizung und äußerer Druck die Herausformung komplexer Verschaltungen im kindlichen Gehirn ebenso behindern wie Unterforderung, mangelnde Anregungen, Verwöhnung oder Vernachlässigung. Aber Hirnforscher können die Verhältnisse nicht ändern, unter denen Kinder in unserer gegenwärtigen Gesellschaft aufwachsen. Die entscheidende Frage richtet sich an uns alle – Eltern, familiäre Bezugspersonen, professionelle Erzieher und Erzieherinnen –, die gegenwärtig oder in Zukunft Kinder auf ihrem Weg ins Leben begleiten:

Sind wir die, bei denen man lieben, streiten, arbeiten, genießen, denken, fühlen, singen und Vertrauen zu sich und zu einer lebenswerten Zukunft lernen kann?

„Schau mal, was ich schon kann!"

Von Dr. habil. rer. nat. Gabriele Haug-Schnabel,
FVM – Forschungsgruppe Verhaltensbiologie des Menschen, Kandern

Mutter und Vater, später auch pädagogische Fachkräfte in Kindergärten, locken die Aufmerksamkeit eines Kindes auf typische Weise und regen damit Konzentration und Ausdauer an. Diese Fähigkeiten sind schon in der frühen Kindheit wichtige Entwicklungsaufgaben, die den Kindern das nötige Selbstvertrauen bei der Bewältigung immer vielfältigerer Alltagsszenen vermitteln.

- „Schau mal, Max, wie das Mädchen sich freut, dass du neben ihr im Sandkasten spielst."
- „Schau mal, Marie, wie unsere Autos die Rampe runterrasen!"

Bewusstes und altersgemäßes Beisammensein sowie individuelle Unterstützung und Ermunterung sind ein Signal für bedingungslose Zuwendung und Akzeptanz – sie unterstützen junge Welterkunder bei ihren Entdeckungen, beim Sammeln von glücklich machenden Erkenntnissen und immer komplexer werdenden Fähigkeiten. „Schau mal" ist eine Aufforderung besonderer Art: Sie verlangt Konzentration auf eine Sache mit dem Ziel, sich nicht ablenken zu lassen, verspricht Neues und macht neugierig. Das „Schau mal" ist eine Regulationshilfe seitens der Erwachsenen für Säuglinge und Kleinstkinder – eine Regulationshilfe, die das kindliche Interesse wecken soll, die Aufmerksamkeit durch Blickkontakt, Laute und Sprache auf den Punkt bringen und eine Zeitlang ungestört aufrechterhalten soll.

Eltern und Erzieherinnen nutzen dabei eine frühe Form der später für Kommunikations- und Beziehungsfähigkeit so wichtig werdenden gemeinsamen, geteilten Aufmerksamkeit: Schon Babys beobachten ihre Bezugspersonen. Sie erwarten, dass der Erwachsene mit seinem Tun eine Absicht verfolgt und dabei möglichst zielgerichtet agiert. Ihr Blick folgt beim Zusammensein auch unaufgefordert elterlichen Handlungen und eilt ihnen sogar voraus, sobald Babys den Ablauf vertraut gewordener Alltagstätigkeiten kennen. So schauen Babys gegen Ende des Wickelns zum Beispiel zum Windelvorrat, wissend, dass

„Schau mal, was ich schon kann!" ③

hier Mama oder Papa die neue Windel holen werden. Oder sie wenden ihren Blick immer wieder dem Kühlschrank zu, wenn das Frühstück vorbereitet wird, da sie wissen, dass hier wiederholt Dinge herausgeholt und zum Tisch gebracht werden.

Blickkontakt: zuschauen und sich mitteilen

Beobachtet ein Kind seine Mutter oder seinen Vater bei einer Tätigkeit, begrüßen diese sein Interesse mit einem Lächeln und kommentieren ihr Tun. Diese Ansprache ist zukunftsorientiert, sie findet lange vor dem gemeinsamen Agieren oder gar selbstständigen Tun des Kindes statt und erleichtert bereits vorab dem Kind das Verständnis für recht komplexe Vorgänge. Möglicherweise erfährt das Kind auf diese Weise erste Annäherungen an Zeitverständnis und Handlungsorganisation, vermutet die Münchner Psychologin Doris Bischof-Köhler. Beobachtungen in Kindertageseinrichtungen zeigen: Wer häufig bei der Vorbereitung von Mahlzeiten dabei war, vielleicht sogar schon früh im So-tun-als-ob-Modus tätig war und dann Schritt für Schritt einsteigen durfte, weiß bereits im späten Krippenalter, in welcher Handlungsabfolge ein Butterbrot, ein Müsli oder gar ein Pfannkuchen entsteht.

Jahrzehntelange Bindungsforschung beweist, dass der Aufbau sozial-emotionaler Beziehungen für ein Kind äußerst wichtig ist mit Blick auf seine emotionale, soziale und kognitive Entwicklung. Für ein Kind sind Bezugspersonen (über-)lebensnotwendig, die Zuwendung, Schutz, Regulationshilfe und Unterstützung bei allen Aktivitäten geben. Die Grundlage ist eine warme, feinfühlige Beziehung und Kommunikation zum Kind – auf der Basis bedingungsloser Wertschätzung! So wird signalisiert, dass die Bezugsperson Freude am gemeinsamen Kontakt hat, dass sie verstehen möchte, was das Kind beschäftigt und was es gerade interessiert.

In einer Umgebung, in der gleichermaßen Schutz und Freiraum gebende Anregung gewährleistet sind, entsteht ein gesundes Selbstwertgefühl, das nicht primär auf erbrachter Leistung beruht, sondern auf erlebter Wertschätzung. So entwickelt sich nach Meinung des Freiburger Präventions- und Resilienzspezialisten Klaus Fröhlich-Gildhoff die Neugierde auf sich selbst, ebenso die Lust, sich selbst besser kennenzulernen und sich dessen bewusst zu werden, was man schon alles kann.

Neugeborene lernen mit der Zeit, sich in ihrem sozialen Umfeld zu organisieren, zu strukturieren und zu spezialisieren und so ihren speziellen Lebensbedingungen anzupassen. Wenn sich ein Kind nicht durch Angst gehemmt fühlt und bei Bedarf schnell Zuwendung und Trost erfährt, ist es offen für alles Neue, emotional begeistert über ein möglichst breites Spektrum an Anregungen. Genau diese sind die Voraussetzung für eine vielfältige Nutzung seines Gehirns und somit die Startvoraussetzung, von sich aus den Geheimnissen des Lebens auf die Spur zu kommen.

Dank seines beginnenden Selbstvertrauens und Selbstwertgefühls sagt das Kind bald: „Schau mal, was ich schon kann!" Es fordert vom Erwachsenen Aufmerksamkeit für sein Tun. Voraussetzung ist die gewachsene Identität des Kindes, sein Mut, Neues auszuprobieren und dies auch seiner sozialen Gruppe mitzuteilen. Außerdem muss das Kind auch die Erfahrung gemacht haben, dass es da jemanden (oder noch besser mehrere Menschen) gibt, der für das Kind wichtig ist und dem wiederum das Kind wichtig ist. An ihn wendet es sich, um möglichst viel über sich selbst, sein Tun und über die Welt zu erfahren und – ganz wichtig – rückgemeldet zu bekommen, wie aktiv und wirksam es bereits ist. Jedes Kind erhofft sich durch seine „Schau mal"-Aufforderungen vielfältige Rückmeldungen in Form einer Rückspiegelung und Unterstützung seiner bislang erworbenen Lebenskompetenzen. Eine ausgewählte Auflistung dieser Fortschritte soll die Bandbreite angestrebter Kompetenzen erläutern.

Gemeinsame Aufmerksamkeit und soziale Resonanz

Bereits ab dem 9. Lebensmonat reichen einem Kind die von seinen Bezugspersonen angebotenen Informationen nicht mehr; es kommuniziert altersgemäß und verlangt „gemeinsame Aufmerksamkeit". Es fragt all das nach, was es interessiert, durch Blicke und Deuten. „Schau mal", scheint der deutende Finger schon vor Beginn der Sprache zu sagen. Das Kind erwartet auf diesen Fingerzeig hin, dass der Erwachsene seine Aufmerksamkeit ihm und seinem Blick-Fokus zuwendet und so sein Interesse teilt. Reagiert der Erwachsene nicht darauf, verliert das Kind schnell die Motivation, künftig auf diesem Weg etwas mitzuteilen. Das Spektrum seiner Erfahrungsmöglichkeiten wird dadurch wesentlich eingeschränkt. Besonders bedauerlich ist, dass das Kind gerade dann, wenn es maximal konzentriert und aufnahmebereit wäre, keine Antwort und somit kein neues Sprach- und Denkfutter bekommt.

„Schau mal, was ich schon kann!"

Schon im frühen Alter ist jedem Kind der soziale Austausch wichtig: Es möchte, dass jemand von ihm Auserwähltes sich ihm zuwendet und sich für es und seine Aktionen interessiert. Und wenn jemand schaut, macht das Kind die Erfahrung, wichtig zu sein. Es geht hier bereits am Lebensanfang darum, Emotionen wahrzunehmen und zuzulassen, also um Selbstverwirklichung. So erfährt das Kind etwas über sich und vor allem über die Wirkung seiner eigenen Aktivitäten auf andere Menschen.

Ein Kind lernt nicht nur mit anderen Menschen, sondern auch mittels anderer Menschen. Es braucht sie, um sich vielfältig Wissen und Fähigkeiten in unterschiedlichen Bereichen, aber auch über sich im Blick der anderen anzueignen. Das Kind liest die Ausrichtung der Aufmerksamkeit der Eltern aus deren Blickrichtung, Zeigegesten und Körperhaltung ab und beginnt, die Aufmerksamkeit der Eltern durch Gesten und Laute zu lenken. Für die weitere Persönlichkeitsentwicklung des Kindes ist es von großer Wichtigkeit, wie die Bezugspersonen auf seine Erkundungen der Umwelt reagieren. Durch ihre Bestätigung erhält das kindliche Tun eine kognitive wie soziale Bedeutung, die den Aufbau eines eigenen Wertesystems anregt.

Das Kind will sich selbstwirksam erleben

Das Kind gibt mit seiner „Schau mal"-Aufforderung der angesprochenen Person den Anreiz herzuschauen, da es ihr zeigen möchte, was es kann – in der Erwartung, positiv bestätigt zu werden. Die Forschungen des kanadischen Psychologen Albert Bandura zeigen, dass Selbstwirksamkeit zu den wichtigsten Einflussfaktoren auf unser Handeln gehört. Sie begeistert und motiviert dazu, immer mehr Aufgaben und Probleme zu lösen, gleich wieder vielleicht noch schwierigere Herausforderungen in Angriff zu nehmen, Abläufe unermüdlich mit wachsender Motivation zu wiederholen, um sie zu beherrschen und zu perfektionieren. Selbstwirksamkeit macht Lust auf Eigenaktivität und Urheberschaft und letztlich auch leistungsbereit. Es geht sogar noch weiter: Eine bestätigende soziale Umgebung lässt nicht nur die Selbstwirksamkeitserwartungen steigen, sondern stärkt auch indirekt die kindliche Bereitschaft, immer mehr Verantwortung für das eigene Tun oder für die Bewältigung einer Aufgabe zu übernehmen.

Damit ein Kind diese Erfahrungen machen kann, sollten Erwachsene die Voraussetzungen dafür schaffen, dass das Kind in einer anregenden und aus eigenen Kräften erkundbaren Umgebung neben Sicherheit und Zuwendung auch Assistenz beim Erforschen der (Um-)Welt erfährt. Zudem ist wichtig, dass das Kind seine stärkenden Erfahrungen – auch beim Problemlösen – selbst macht. Das verlangt in verschiedenen Situationen zuerst, sich durchzubeißen, also Spannungen und Frustrationen durch Rückschläge auszuhalten und auch sach- und handlungsbezogene Kritik zu akzeptieren.

Die Selbstwirksamkeitsforschung legt ihr Augenmerk immer mehr auf die feinfühlige Rückspiegelung dieses Erfolgsweges: So scheint es eher wichtig zu sein, die spürbaren Fortschritte anzusprechen, die das Kind zum Weitermachen ermutigen, als es nur zu loben – „Hast du toll gemacht!" –, da dann allein die erbrachte Leistung – „gut gemacht" – angesprochen wird, nicht aber die anstehende und vom Kind bereits gesehene Möglichkeit zur Weiterentwicklung. Zum Beispiel: „Du hast noch ein Puzzleteil eingesetzt! Jetzt erkennt man das Pferd!"

Selbstwirksamkeitserfahrungen haben beeindruckende Auswirkungen auf die kindliche Spielmotivation und somit auf den Lernerfolg. Es ist bekannt, dass Erfahrungen nicht durch bloßes Zuschauen gesammelt werden. Beim passiven Beobachten versiegt das kindliche Interesse und mit ihm die Aufmerksamkeit nach kurzer Zeit. Bereits ein kleiner alternativer Reiz scheint attraktiver zu sein und lenkt das Kind ab. Es kann seine Konzentration nicht halten. Erst das aktive Beteiligtsein mit all seinen Handlungskonsequenzen bringt motivierende Selbstwirksamkeitserfahrungen mit sich, begleitet von hoher Aufmerksamkeit und positiven Emotionen, die vor Ablenkungen schützen.

„Ich bin ich"

Jetzt geht es darum, den anderen zu zeigen und sich selbst zu beweisen, was das Kind schon kann. Ihr Ich und damit ihre Aktions- und Handlungsmöglichkeiten zu erleben, ist ein großes Thema für Kleinkinder.

Das Einsetzen des Ich-Bewusstseins im Alter zwischen 18 und 24 Monaten setzt folgenreiche Entwicklungsschritte in Gang. Erst jetzt kann das Kind über sich als Akteur in einer Handlung nachdenken. Das Ich-Bewusstsein fördert die Autonomieentwicklung. Jetzt kann sich ein Kind, bevor es mit einer Handlung startet, deren

„Schau mal, was ich schon kann!"

Ziel vorstellen, denn es verfolgt mit dieser Handlung eine Absicht. Hinzu kommt, dass es jetzt weiß, dass es selbst die Person ist, die diese Handlung durchführt.

Etwas ganz allein zu versuchen, ist in den ersten Lebensjahren für die Persönlichkeitsentwicklung von großer Bedeutung und muss deshalb aktiv und auch aggressiv gegen Widerstände verteidigt werden. Ganz wichtig ist zudem, dass dieser große Schritt auch von der sozialen Umgebung des Kindes wahrgenommen wird. Häufiger Widerspruch und das ständige „Nein" des Kindes machen Sinn, um möglichst viel auf eigene Faust erforschen zu können, alles über seine eigenen Kräfte und Möglichkeiten zu erfahren, Erfolge für sich selbst verbuchen zu können und von „gut gemeinter" Hilfestellung möglichst unbehelligt zu bleiben.

Anfangs geht das Kind dabei nach einem starren Muster vor. Es kann sich noch nicht momentanen Gegebenheiten anpassen oder auf Wünsche anderer eingehen. Wird es bei seiner geplanten Handlung gestört, behindert oder gar gestoppt, bricht für ein Zweijähriges und auch noch für manches Vierjährige „eine Welt zusammen".

Seine Verzweiflung rührt daher, dass es ihm in diesem Augenblick so vorkommt, als ob es das Angedachte nie mehr ausprobieren und durchführen könnte. Ein Aufschieben, ein Ortswechsel, selbst eine kleine Abwandlung des Plans scheinen undenkbar, da die Vorstellung für einen alternativen Handlungsverlauf nicht ausreicht. Es handelt sich hier um ein Zusammentreffen alterstypischer Regulationsprobleme, die sowohl mit der Schwierigkeit, die Aufmerksamkeit auf ein anderes Ziel umzulenken, als auch mit der noch unreifen Emotionskontrolle zu tun haben können.

Für die Bezugspersonen geht es nicht nur um das Verstehen des momentanen kindlichen Verhaltens in dieser Situation, sondern um das Erkennen des Gefühlszustandes des Kindes, der durch zugewandte altersgemäße Unterstützung wieder stabilisiert werden muss.

Eigene Fortschritte und unstillbare Lernlust

- „Schau mal, was ich gemalt habe!"
- „Schau mal, ich weiß die Namen von 5 Dinosauriern!"
- „Schau mal, 7 Minuten, ganze 7 Minuten kann ich auf einem Bein stehen!"

(Zitate aus Kita-Beobachtungen)

Diese mit Stolz präsentierten Äußerungen signalisieren eine sich stabilisierende Ich-Identität und zeigen den Mut des Kindes, Neues in Angriff zu nehmen. Seine Aussagen sind zukunftsorientiert, sie lassen gesteckte Ziele erahnen sowie die Bereitschaft, hiermit in Wettstreit zu treten: Bald kann ich auch rechnen, kenne noch mehr Dinosauriernamen und kann vielleicht 10 Minuten auf einem Bein stehen.

> Luca, 26 Monate alt, versucht, gleichzeitig mehrere Holzbausteine aus dem Bausteinvorrat zur Baustelle zu tragen. Beim Transport verliert er immer wieder einen Stein. Nach einigen Transportversuchen holt er sich einen Korb, füllt mehrere Steine ein und sagt beim Vorbeilaufen: „mehr Steine". „So viele schwere Steine kannst du tragen?", antwortet ihm seine Erzieherin. Wenige Minuten später kommt Luca mit einem Lastwagen vorbei, dessen Ladefläche und Anhänger er voll Bausteine gefüllt hat. „(Sonst) zu schwer", erklärt er seiner Erzieherin.
>
> Luca zeigt erste Problemlösestrategien angesichts einer selbst gestellten Aufgabe.

Jedes Kind will sich Wissen und Fähigkeiten aneignen, oft auch gemeinsam mit Erwachsenen. Es nutzt dazu auch bei schwierigen, selbst gestellten Aufgaben die Rückmeldungen und Hinweise der Erwachsenen, fragt sie sogar ab, nur dürfen die Bezugspersonen das Kind nicht von seinem Vorhaben abhalten. Jedes Eingreifen unterbricht und stört die dem Kind eigene Vorgehensweise.

Es braucht Fingerspitzengefühl, um eine gute Balance herzustellen zwischen Gewährenlassen und Eingreifen, zwischen Selbst-herausfinden-Lassen einer Lösung und dem Aufzeigen von Erfolgswegen, da das Kind weiterhin bei seinen Autonomiebestrebungen und individuellen Lernwegen ermutigt und unterstützt werden soll.

„Schau mal, was ich schon kann!"

Schon Kleinkinder haben im Kontakt mit der Bezugsperson oft einen echten Informationsbedarf und fordern nicht nur ein positives Grundgefühl ein. Sie wollen etwas Bestimmtes wissen und genau auf diese Frage eine Antwort bekommen. Erlebt das Kind zwar liebevolle Zuwendung, bekommt aber die von ihm erbetenen Antworten nicht, reagiert es unzufrieden und versucht durch wiederholtes Deuten und Nachfragen seinem Wunsch nach kognitiver Beantwortung Nachdruck zu verleihen. Sein Verhalten signalisiert: „Meine Frage wurde noch nicht beantwortet."

Immer mehr wissen wollen, Futter für seine Lernlust bekommen: Ein Kind, das viel ausprobieren darf, hat eher die Chance, Muster und Gesetzmäßigkeiten zu erkennen, die verschiedenen Phänomenen zugrunde liegen. So wird es immer mehr und immer schneller verstehen sowie Zusammenhänge, Ähnlichkeiten und Konsequenzen erkennen. Es ist nahezu philosophisch, wie sich einige Kinder die Welt erklären:

> Jörge, 5½ Jahre alt, erklärt auf die Frage, ob er schon schreiben könne: „Schreiben ist wie Kuchenbacken. Man braucht viele einzelne Dinge, von manchen sogar mehrere, aber erst richtig zusammengesetzt wird es ein Kuchen. Fürs Schreiben braucht man Papier, Stift, viele Buchstaben, oft ganz viele, und immer wieder Luft dazwischen. Das Rezept bekommt man in der Schule. Ich glaub, wenn ich etwas sag, so Sätze zum Beispiel, ist das eigentlich wie Schreiben. Mein Schnaufen dazwischen ist der Punkt."

Wann versteht ein Kind, dass es sein ganzes Leben lang nie am Ende seiner Entdeckungen, Kenntnisse und Fähigkeiten ankommt? Offensichtlich recht früh, denn schon ein Kindergartenkind weist Erwachsene darauf hin, dass sie ihm morgen wieder zuschauen müssen, damit sie bemerken, dass ...

- „... ich schon wieder etwas Neues kann"
- „... ich etwas besser kann als heute"
- „... ich mehr verstehe"
- „... ich mich für noch viel mehr interessiere und neuen Geheimnissen auf die Spur komme!"

Die Sicherheit, auf immer mehr Lebenskompetenzen zugreifen zu können, ermöglicht es jedem Kind, zukunftsorientiert denken und planen zu können.

Kleine Kinder schützen, große Kinder unterstützen!

Von Dr. Paula Bleckmann, Medienpädagogin, und PD Dr. Thomas Mößle, Medienpsychologe und stellvertretender Direktor am Kriminologischen Forschungsinstitut Niedersachsen

Stabilität und Selbstvertrauen, Neugier und Lernfähigkeit fördern, Stress und Überforderung vermeiden – das sind wichtige Ziele in der Erziehung. Für Eltern und Bezugspersonen keine einfache Aufgabe. Leichter können diese Ziele erreicht werden, wenn Herausforderungen und Hindernisse bekannt sind, die auf dem Weg liegen können.

Eine große Herausforderung ist der ausgewogene und sinnvolle Umgang mit Medien. Für kleine Kinder, etwa bis zum Ende des Kindergartenalters, gilt daher: Weniger ist mehr. Wissenschaftliche Studien bestätigen, dass der „Schutz vor zu viel Bildschirm" in dieser Altersstufe die beste Basis für einen späteren sinnvollen Umgang mit Bildschirmmedien darstellt. Damit sind hier vor allem Fernsehen, Filme auf DVD, Computer und Spielkonsolen gemeint. Ältere Kinder nutzen immer häufiger die neuen mobilen Endgeräte wie internetfähige Handys, Smartphones, Tablet-PCs. Hier gelten ähnliche Zusammenhänge.

Eine Beschränkung und Begleitung der Mediennutzung ist sehr wichtig. Ein guter Umgang mit Medien in der Familie ist heute bedeutsamer denn je.

Der Bildschirm als Blickfänger

Eine gelingende Bindung an die Eltern ist für Kinder unschätzbar wertvoll. Damit sie sich zu gesunden, selbstbestimmten und beziehungsfähigen Erwachsenen entwickeln können, brauchen Kinder vor allem die Interaktion mit Erwachsenen. Gerade diese grundlegenden Beziehungserfahrungen werden durch Bildschirmmedien gefährdet. Das gilt schon für Säuglinge, die Fernseher oder PC selbst noch nicht „nutzen" können. Ein Baby, dessen Mutter oder Vater durch einen Fernseher abgelenkt ist, bekommt weniger Zuwendung, weniger Blickkontakt, weniger Gelegenheit zum Austausch – und zwar selbst dann, wenn der Fernseher nur im Hintergrund läuft. Bei den Allerkleinsten sind also Blickkontakt, Bindung und Austausch zwischen Eltern und Kind gefährdet.

Kommunikationsmedium Nummer eins ist die Sprache, die sich nach und nach entwickelt. Das Kind braucht ein ganz reales Gegenüber, um sprechen zu lernen. Eine Zeichentrickfigur oder ein Nachrichtensprecher auf dem Bildschirm bietet dafür keinen Ersatz. Entsprechend ist hoher Bildschirmmedienkonsum mit Schwierigkeiten beim Sprechenlernen verbunden. Hirnforscher warnen sogar vor der Nutzung von Fernseher, Smartphones und Co. in der Gegenwart von Neugeborenen.

Der Bildschirm als Zeiträuber

In den Schlagzeilen ist oft genug von Risiken und Gefahren der Mediennutzung zu lesen. Dazu zählen Gewalt, Pornografie, Datenklau, um nur einige zu nennen. Damit ist zwar eine wichtige Seite der Schwierigkeiten angesprochen, nämlich die der entwicklungsgefährdenden Inhalte, aber eben nur eine Seite. Die weniger bekannte, aber umso wichtigere zweite Seite ist die Funktion des Bildschirms als „Zeiträuber".

Was für den Erwachsenen, der Medien bewusst, dosiert und aktiv nutzt, ein Gewinn sein kann, ist für das Kind ein Verlust. Das Kind verliert Zeit für andere Beschäftigungen, die für seine gesunde Entwicklung notwendig sind. Natürlich werden auch Bildschirmmedien als Spielzeug für Kinder immer wieder mit Sprüchen beworben wie: „fördert die Feinmotorik", „steigert die soziale Kompetenz". Sogar für Neugeborene gibt es mittlerweile Computer. Wie gut, wenn Eltern ein gesundes Gespür dafür haben, was ihr Kind braucht und was nicht.

Kennen Sie das Kinderbuch „Momo"? Die Geschichte handelt von einem fantasiebegabten, eigensinnigen Mädchen, das den Kampf gegen die sogenannten Grauen Herren aufnimmt. Diese Grauen Herren versprechen, dass sie kostbare Lebenszeit zu einem besseren Nutzen bringen könnten als die Menschen, denen diese Lebenszeit gehört. Mit solchen Versprechungen locken sie immer mehr Menschen weg von gemeinsamen, gemütlichen Mahlzeiten, von genüsslichen Mußestunden, von Bewegung im Freien, also vom realen Leben. In gewisser Weise sind die Bildschirmmedien die Grauen Herren der heutigen Kindheit.

Auf das Alter kommt es an

Umfragen haben gezeigt: Eltern halten Sprache und Bücher für die geeigneten Medien im Kleinkindalter, elektronische Medien eher nicht. Eltern mit hohen Bildungsabschlüssen würden ihre Kinder sogar noch später mit den elektronischen Medien in Kontakt bringen: Hörmedien ab 4 Jahren, TV ab 9 Jahren und PC ab 12 Jahren. Das Gespür dieser Eltern ist richtig: Kinder brauchen für ihre gesunde Entwicklung, zur „Steigerung der sozialen Kompetenzen" und zur „Förderung der Feinmotorik" vor allem reale Begegnung mit der Welt und unmittelbaren menschlichen Kontakt.

Selbstbewusstsein ist besonders wichtig für die gesunde Entwicklung. Es wird durch ganz reale Erlebnisse gestärkt: durch eine gesunde Mischung aus Erfolg und Bestätigung auf der einen Seite, Herausforderung und Misserfolg auf der anderen Seite. In einer Studie mit Berliner Schülern zwischen 8 und 15 Jahren zeigte sich: Wem im realen Leben die Selbstwirksamkeitserlebnisse fehlen, der sucht sie sich im virtuellen. Er findet hier kurzfristig eine für ihn passende Mischung aus Herausforderung und Erfolg, mit sofortiger Rückmeldung über das Geleistete. Dadurch entsteht aber langfristig gerade kein gestärktes Selbstbewusstsein.

Geringe reale Selbstwirksamkeitserfahrungen gehen mit einem erhöhten Suchtrisiko einher. Dies trifft auch für die Computerspielabhängigkeit zu, wie eine Berliner Schülerbefragung zeigte. Zudem hat übermäßiger Medienkonsum zur Folge, dass realweltlicher Stress sehr viel schlechter bewältigt werden kann. Und: Wer viel vor dem Bildschirm sitzt, schläft weniger. Der Tag hat eben nur 24 Stunden und jede vor dem Bildschirm verbrachte Stunde fehlt dem Kind an anderer Stelle. Damit ist nicht nur die Zeit für reale Tätigkeiten gemeint, sondern auch die Zeit für Ruhe, also für Schlaf, Erholung, Entspannung – und nicht zuletzt für Langeweile.

Deshalb: Wenn Sie die Bildschirmnutzung Ihres Kindes einschränken, sollten Sie sich von kurzfristigen Protestreaktionen nicht bremsen lassen: Führen Sie sich vor Augen, dass Sie Ihrem Kind wichtige Erfahrungen zur Steigerung seines Selbstbewusstseins ermöglichen. Außerdem ist die Einschränkung der Bildschirmnutzung letztlich durchaus im Einklang mit den Wünschen der Kinder selbst. Denn fragt man die Kinder, ergeben sich überraschende und ermutigende Erkenntnisse:

In einer deutschlandweiten Repräsentativerhebung von 6- bis 12-Jährigen war die liebste Freizeitaktivität der Kinder „mich mit Freunden treffen", an zweiter Stelle folgte „draußen spielen". Häufigste Freizeitbeschäftigung war neben Hausaufgaben und Lernen allerdings das Fernsehen.

Der Bildschirm als Fußfessel

Auch die körperliche Entwicklung wird durch den Bildschirm gefährdet: Höhere Bildschirmzeiten in der frühen Kindheit gehen mit Verzögerungen in der Bewegungs- und Sprachentwicklung einher. Gemeint ist hier die Sprachmotorik, also die Zungenfertigkeit, die Gewandtheit in der Bewegung, die beim Kind vom Großen ins Kleine geht.

Und: Wer mehr Zeit vor dem Bildschirm verbringt, ist deutlich häufiger übergewichtig. So verbringen nicht nur übergewichtige Menschen ihre Zeit lieber vor dem Fernseher. Auch normalgewichtige Kinder, die viel fernsehen, haben als Jugendliche und Erwachsene ein wesentlich höheres Risiko für Übergewicht.

Und das ist noch nicht alles: Wer schon als Jugendlicher unter Übergewicht leidet, der hat in der Folge mit einer Reihe anderer gesundheitlicher Risiken und Belastungen zu rechnen: Herz-Kreislauf-Erkrankungen, Diabetes, Gelenkbeschwerden.

Der Bildschirm als Bildungsbremse

Auch die Lernfähigkeit leidet erheblich unter einer ausufernden Mediennutzung. So weiß man inzwischen, dass das Risiko für Konzentrationsschwierigkeiten zunimmt: Wissenschaftliche Untersuchungen legen nahe, dass ADHS mit jeder zusätzlichen Stunde Bildschirmkonsum bis zur Einschulung um 9 Prozentpunkte häufiger auftritt.
Unbestritten ist heute, dass längere Nutzungszeiten zudem mit schlechten Schulleistungen einhergehen. Zwei Langzeitstudien zeigen, dass bei Kindern übermäßiger Bildschirmkonsum schlechte Schulnoten zur Folge hat. Warum? Hauptgrund ist wiederum die Verdrängung anderer Beschäftigungen, die für ein erfolgreiches Lernen förderlicher sind. Gerade das Lesenlernen wird durch lange Bildschirmzeiten beeinträchtigt.

Lernen ist kein passives Aufnehmen von Inhalten, sondern ein aktiver, kreativer Prozess, für den Selbstvertrauen, Eigeninitiative, Neugier und Beobachtungsgabe erforderlich sind. Durch die Überflutung mit starken Reizen, wie beispielsweise in einer Zeichentrick-Actionserie im TV, wird das genaue Beobachten aber gerade nicht gefördert.

Bei vielen Computerspielen wird ein bestimmtes, per Programm vorgegebenes Verhalten – beispielsweise durch das Erreichen eines höheren Levels – belohnt. Die Fähigkeit, selbst kreative Problemlösungen zu finden, wird so jedoch nicht geübt. Und: Durch dauernde Verfügbarkeit von Ablenkung kommt Langeweile gar nicht erst auf. Langeweile ist aber eine der besten Voraussetzungen für neugieriges Zugehen auf die Welt. Das Kind denkt sich: „Ich habe gerade nichts zu tun. Was kann ich jetzt unternehmen?" – und kommt auf unerwartete, wunderbare Ideen. Kreativität pur.

Durch angemessene Mediennutzung können Kinder sehr wohl lernen. Der Schlüssel liegt auch hier im Alter des Kindes, in der Art des Mediums und in der Begleitung und Begrenzung der Mediennutzung durch Eltern und Lehrer. Kleine Kinder lernen am besten durch reale Erlebnisse, durch Sprache, aus Büchern, später aus Hörmedien. Größere Kinder können bei dosierter Nutzung auch am Bildschirm lernen.

Der Bildschirm im Kinderzimmer

Kinder mit eigenen Geräten im Kinderzimmer nutzen TV und Computerspiele wesentlich länger als Kinder ohne eigene Geräte. Es ist erwiesen, dass Grundschüler an Schultagen Bildschirmmedien sogar doppelt so lange nutzen.

Deshalb: Bildschirmgeräte haben in Kinderzimmern nichts zu suchen. Und das sollte auch für mobile Geräte mit Internetzugang gelten.

Eltern als Weichensteller

Für einen späteren selbstbestimmten und aufrechten Gang durch die Medienwelt ist die Reihenfolge wichtig. Am Anfang sollten Zeit und Spielräume ohne Bildschirmmedien als Grundlage für die Reifung der Persönlichkeit stehen. Danach ist wohlüberlegte, systematische Förderung der Fähigkeiten zum Umgang mit den verschiedenen Medien erforderlich. Dabei haben die Eltern auch eine Vorbildfunktion.

Gut, wenn Eltern dosiert und selbstbestimmt Medienangebote nutzen und sich Zeit für ganz reale Begegnungen mit ihren kleinen Kindern nehmen. Auseinandersetzungen und Aushandlungsprozesse rund um TV, PC & Co. gehören in Deutschland zum Familienalltag. Auf zehn Elternteile, die meinen, das eigene Kind verbringe zu viel Zeit vor dem Fernseher, kommt statistisch gesehen nur ein Elternteil, der meint: „Mein Kind sieht zu wenig fern." Umgekehrt ist es beim Lesen: Da meinen siebenmal so viele Eltern, das Kind lese zu wenig.

Doch was sind entspannte Lösungen für den Familienalltag? Oft ist es einfacher, die Medienzeiten der Kinder einzuschränken, wenn die Regeln ganz klar sind.

Einige Beispiele:

 Die Eltern schalten den Bildschirm immer erst dann ein, wenn das kleine Kind schläft.

 Für etwas ältere Kinder hat sich die Regel „Fernsehen/Video nur am Wochenende" bewährt. Langfristig macht die Auseinandersetzung um Bildschirmzeiten mehr Stress, als der Babysitter Bildschirm Entlastung bringen kann. Hier können viele Konflikte vermieden werden, wenn nach dem einfachen Motto gehandelt wird: Aus den Augen, aus dem Sinn!

 Bei noch älteren Kindern ist die Begleitung der Mediennutzung durch die Eltern wichtig. Zwischenmenschliche Lösungen gehen vor, auch wenn das ständige Diskutieren mühsam ist. Eine Mutter oder ein Vater, die/der neben dem Nachwuchs sitzt und ein Auge auf die genutzten Inhalte und die Zeit hat, ist einer technischen Lösung (Zeitbegrenzungsprogamm, Filtersoftware) vorzuziehen. Dazu ist es wichtig, dass die Eltern selbst medienfit sind, um bei ihren Kindern die nicht altersangemessene Nutzung gut begründet und wohl informiert zu verhindern.

Deshalb: Seien Sie Vorbild im Umgang mit Medien. Nur so können Sie Weichen für einen entspannten und entwicklungsförderlichen Umgang mit Medien in der Familie stellen.

Ein echt tolles Team!

Kurzgeschichte von Karin Schäufler, Diplom-Sozialpädagogin und freie Autorin, Frankfurt am Main

Jonas späht aufgeregt aus dem Fenster im Kindergarten, denn gleich kommen Tante Kirsten und Onkel Per, um ihn abzuholen. Die beiden werden sich in den nächsten drei Tagen um Jonas und seine kleine Schwester Pia kümmern. Die Eltern sind nämlich übers Wochenende verreist, weil sie mal rundum abschalten wollen – so lautete jedenfalls ihre merkwürdige Erklärung.

Jonas findet das ziemlich doof, denn er wäre wirklich gern mitgefahren. Ihm ist auch nicht ganz klar, was dieses „Rundum-Abschalten" zu bedeuten hat; schließlich haben seine Eltern doch keine Knöpfe, die man zum Ein- oder Ausschalten bedienen könnte! Und wenn sie doch welche hätten, dann hätten sie sie auch zu Hause drücken können, oder nicht? Überhaupt: Wieso wollen Mama und Papa etwas ohne ihn und Pia unternehmen? Jonas versteht das alles nicht, aber fürs beleidigte Schmollen ist nun keine Zeit mehr, denn Tante Kirsten, Onkel Per und Pia sind am Kindergarten angekommen.

Auf dem Nachhauseweg schmiedet Onkel Per Pläne für den Nachmittag. „Jonas und ich gehen gleich nach dem Mittagessen zum Fußball-Kicken auf den Sportplatz. Hinterher treffen wir uns alle im Botanischen Garten und später machen wir zu Hause Popcorn. Und dann können wir das neue Spiel ausprobieren, das wir euch mitgebracht haben. Was meinst du, Jonas?"
Jonas nickt, aber innerlich seufzt er. Eigentlich macht er sonst immer nach dem Kindergarten eine Pause und zieht sich für eine Weile in sein Zimmer zurück; nach dem Trubel

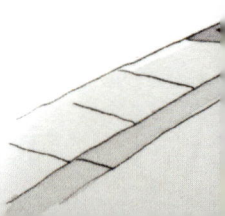

am Vormittag genießt er nämlich die Ruhe und das Alleinsein. Und Fußballspielen mag er eigentlich auch nicht, denn er ist viel lieber im Wald unterwegs. Aber das traut sich Jonas nicht zu sagen.
Als sie am Küchentisch sitzen und Tante Kirsten und Onkel Per die Löffel in die Suppe tauchen, beginnt Pia zu schluchzen.
„Was gibts denn da zu weinen?", fragt Tante Kirsten erstaunt. „Ich habe doch eure Lieblingssuppe gekocht!"
„Wir sagen aber vor dem Essen einen Tischreim und halten uns dabei an den Händen", erklärt Jonas etwas verlegen. „Außerdem sitzt du auf Papas Platz und Onkel Per sitzt auf Mamas Platz: Das ist irgendwie komisch." Also werden die Plätze getauscht und der Tischreim gesprochen – und schon ist Pia zufrieden und lacht wieder vergnügt.

Auf dem Sportplatz kickt Jonas den Ball kreuz und quer durch die Gegend. Lust hat er dazu keine, außerdem brummt sein Kopf und er ist müde. Im Botanischen Garten brummt sein Kopf dann noch lauter und er ist noch viel müder. Aber Onkel Per und Tante Kirsten erklären unentwegt etwas über die Pflanzen ringsumher und zeigen dabei hierhin und dorthin. Puh, das ist wirklich anstrengend!

Pia quengelt in ihrem Kinderwagen und Jonas' Laune sinkt auf den Tiefpunkt. Er weiß ja, dass es die beiden gut meinen, und er hat seinen Eltern auch versprochen, brav zu sein, aber das hier wird ihm alles zu viel: Wenn er das anstrengende Programm doch einfach abschalten könnte! Abschalten? Jonas' Gedanken schweifen zu seinen Eltern, die ja auch vom Abschalten gesprochen haben – ob sie sich auch manchmal genervt und überfordert fühlen?

„Wir sind jedenfalls ein echt tolles Team", murmelt Jonas, als er an den gewohnten Familienalltag denkt. Ihm wird plötzlich sehr deutlich, wie gut alles im Normalfall läuft und funktioniert: Jeder weiß, was der andere mag und braucht. Es wird viel miteinander geredet und abgesprochen. Jeder nimmt Rücksicht auf den anderen. Alles hat seine Zeit und ...

Onkel Per unterbricht Jonas' Grübelei. „Was ist denn los? Bist du etwa müde? Wir wollen doch noch Popcorn machen und spielen!" „Ich will das überhaupt nicht! Du willst das!", platzt es plötzlich aus Jonas heraus. „Ich finde Fußball blöd und ich mag heute Abend gar kein Popcorn essen und spielen.

Außerdem brauche ich auch mal Zeit für mich, nicht nur Gequassel und Rumgerenne. Pia kann auch nicht mehr ..."
Jonas kullern die Tränen aus den Augen, und Tante Kirsten und Onkel Per bekommen einen Riesenschreck – so haben sie die ganze Sache gar nicht gesehen.

„Der Junge hat recht!", sagt Onkel Per dann. „So sind wir wirklich kein gutes Team! Und ehrlich gesagt: Ich spiele selbst nicht gern Fußball!" „Und ich mag kein Popcorn!", gibt Tante Kirsten zu.

Sie haben sich auf die Wiese gesetzt und in Ruhe darüber gesprochen, wie ein normaler Tag in Pias und Jonas' Leben so aussieht, was ihnen wirklich wichtig ist, was sie mögen, schätzen und brauchen. Und dann haben Onkel Per und Tante Kirsten von ihren Ideen und Vorstellungen erzählt und mit den Kindern gemeinsam die nächsten Tage geplant – und darauf hat sich Jonas nun riesig gefreut. Fast so sehr wie auf die Rückkehr seiner Eltern, die sich nach dem Rundum-Abschalten hoffentlich auch wieder fix rundum einschalten lassen – aber dafür würden er und Pia schon sorgen.

Das Gefühl für den Augenblick

Ein Weiser wurde von einem Suchenden nach dem Grund seiner unerschütterlichen Ausgeglichenheit gefragt. Er antwortete: „Wenn ich sitze, sitze ich. Wenn ich aufstehe, stehe ich auf. Wenn ich gehe, gehe ich."

„Aber", so antwortete der Suchende, „das tue ich doch auch!"

„Nein!", sagte der Weise, „wenn du sitzt, bist du schon aufgestanden. Wenn du aufgestanden bist, gehst du schon. Und wenn du gehst, bist du schon am Ziel!"

aus dem Zen-Buddhismus, Autor unbekannt

Was bedeutet Achtsamkeit?

Das eigentliche Ziel im Leben ist es, zu sein. Das bedeutet, so gut wie möglich im gegenwärtigen Moment zu leben, achtsam zu sein. Diese Weisheit stammt aus dem Buddhismus. Sie besagt, dass die Zukunft nur aus einem Stoff besteht, und das ist die Gegenwart. Nur auf ihr bauen wir die Zukunft auf. In unserem Alltag jedoch ist es so, dass wir, egal, was wir tun, ob wir essen, ein Buch lesen, telefonieren, Auto fahren oder spazieren gehen, mit unseren Gedanken ständig woanders sind. Munter schwirren sie in unserem Kopf umher. Wir sind nicht achtsam.

Ein Weg, den zerstreuten Geist zu beruhigen, ist achtsames Atmen. Das hört sich einfacher an, als es ist, aber mit ein bisschen Übung spüren Sie bald, wie gut das tut. Wichtig ist es, erst einmal innezuhalten, still zu werden und dem Atem zu lauschen. Der Atem ist der Anker im Leben, der uns hält. Er ist das Leben in uns. Es ist das kleine Glück, das unseren Tagen Farbe verleiht, das Glück im Hier und Jetzt. Wirklich und wahrhaftig lebendig sind Sie nur im gegenwärtigen Augenblick, in dem Sie sich gemütlich in einen Sessel kuscheln und dieses Buch in den Händen halten, den Einband mit den Fingern fühlen, die Worte lesen, die Bilder anschauen und das Papier riechen.

Das Gefühl für den Augenblick 5

In schönen Momenten höre ich von meinen Kindern oft den Satz: „Mama, ich bin glücklich!" Ich gehe dann darauf ein, möchte wissen, woran sie es festmachen, usw. Ich denke, so lernen sie auch, über ihre Gefühle zu reden und sie benennen zu können. – Nicole Papagno, Kuppenheim, ein Sohn (7 Jahre) und eine Tochter (3 Jahre)

Ein unruhiger Geist ist wie ein stürmisches Gewitter, das durch die Baumwipfel fegt und die Beete im Garten verwüstet. Es lässt langsam nach, wenn die düstere Wolkendecke aufbricht und der klare, blaue Himmel zum Vorschein kommt. Anfangs lässt immer wieder ein Windstoß die Äste am Baum erzittern, ziehen dunkle Wolken vorbei, bis es schließlich friedlich ist.

Genauso ist es mit dem Geist. Wenn man sich darauf konzentriert, achtsam zu atmen, wird der Geist erst einmal rebellieren, von Gedanken zu Gedanken hetzen. Lenken wir dabei die Aufmerksamkeit immer wieder geduldig auf den Atem, beruhigt er sich. Einige Gedanken ziehen noch wie kleine Wolken vorüber, bis der blanke, blaue Himmel blitzt, der Geist ruhig und klar ist. Mit achtsamem Atmen erfährt man, wie es ist, im Augenblick lebendig zu sein.

Mitmach-Idee für Kinder: Wasserexperiment

Du kennst das sicher: In deinem Kopf toben die Gedanken umher, Freude und Ärger bunt durcheinander. Es ist wie bei einem Teich, der an einem windigen Tag heftige Wellen bildet. Sie wirbeln Schlamm vom Grund des Teiches auf. Er trübt das Wasser, sodass man nicht mehr auf den Boden sehen kann.

Damit du dir das vorstellen kannst, mache folgendes Experiment: Nimm einen Glaskrug und fülle ihn mit Wasser. Schau hindurch und gucke, was sich auf der anderen Seite befindet. Nun gib eine Tüte Backpulver ins Wasser und rühre alles gut durch. Kannst du noch durch den Krug sehen? Nein, denn das Backpulver trübt deine Sicht. So ist es, wenn Gedanken und Gefühle Chaos in deinem Kopf verursachen: Du siehst nicht mehr, was ist. Nach einer Weile setzt sich das Pulver am Boden des Kruges ab und du kannst wieder durch den Krug gucken. So ist es auch mit dir. Wenn du einfach nur auf deinen Atem lauschst, kommen deine Gedanken zur Ruhe.

Jeden Augenblick genießen

Sie können jeden Tag achtsam sein. Auf diese Weise üben Sie, im Augenblick zu sein. Seien Sie sich bewusst, was Sie gerade tun, und konzentrieren Sie sich voll darauf. Wenn man sich dabei in Gedanken verliert, sich von Ärger und Sorgen leiten lässt, ist wertvolle Lebenszeit vergeudet. Beginnen Sie Ihren Tag mit einem Lächeln. Das tut Ihnen und Ihren Kindern gut. Was fühlen Sie, wenn Ihr Baby Sie anlacht und mit seinen Beinchen vor Freude strampelt, wenn Sie es anblicken? Sie sind glücklich. Und für Kinder sind diese vielen kleinen Augenblicke kostbar. Ein Lächeln, wenn Ihr Baby beim Krabbeln seinen Teddy entdeckt; ein Augenzwinkern, wenn Ihr Kind einen Schokoladenkringel vom Teller stibitzt. Mit jeder noch so kleinen Geste oder Tonlage Ihrer Stimme, mit jedem Blick sagen Sie etwas. Ihr Kind sammelt daraus Lebenserfahrungen, die sein Gehirn formen und sein Verhalten, Denken und Fühlen für das weitere Leben prägen.

So verdreifacht sich im ersten Lebensjahr die Großhirnrinde und wächst auch später noch weiter. Das Gehirn hat jetzt mehr Nervenzellverbindungen als nötig. Je nachdem, ob und wie sie aktiviert werden, sprießen oder verkümmern sie. Freuen Sie sich an den schönen Dingen des Alltags, sind Sie fröhlich und begeistert von dem, was Sie tun, springt der Funke auf Ihr Kind über und hinterlässt Spuren.

Mitmach-Idee für Eltern und Kinder: Atemübung

Lege dich auf den Rücken, die Beine ausgestreckt am Boden und die Arme an den Seiten. Fühlst du, wie dein Kopf auf dem Kissen, Rücken und Arme auf dem Boden liegen? Bitte Mama oder Papa oder einen deiner Freunde, dir ein Stofftier auf den Bauch zu setzen. Atme ein und atme aus und stelle dir vor, wie du dein Stofftier mit deinem Atem in den Schlaf wiegst. Beobachte deinen Atem. Verändert er sich bei der Übung? Was fühlst du in deinem Körper?

Wenn Kinder Achtsamkeit üben, also im Hier und Jetzt zu leben, lernen sie Lebenskompetenzen, die ihnen helfen, sich selbst zu trösten und zu beruhigen. Sie werden auch ihrer inneren und äußeren Welt gewahr, kommen mit sich selbst in Kontakt: Was fühle ich, denke ich, sehe ich? – Und mit anderen: Was fühlen sie, denken sie, sehen sie? Die Kinder fühlen sich dann verbunden mit sich und mit der Welt, in der alles miteinander verbunden ist.

Das Gefühl für den Augenblick

Mitmach-Idee für Eltern und kleinere Kinder: Windrad

Lassen Sie die Kinder tief durch die Nase einatmen und dann gegen bunte Windrädchen pusten. Fragen Sie sie, wie sich ihr Körper dabei anfühlt. Nun sollen die Kinder nur kurz durch die Nase einatmen und schnell den Atem ausstoßen, um das Windrädchen anzutreiben. Wie fühlen sie sich jetzt? Die Kinder können beschreiben, was in ihrem Körper passiert, und Bilder dazu malen.

Zeit für sich nehmen

„Wenn du dich selbst schützt, schützt du andere. Wenn du andere schützt, schützt du dich selbst."

So heißt es im Buddhismus. Wenn Sie also achtsam mit sich sind, sich Zeit für sich nehmen, tanken Sie Kraft, um wieder für die Kinder da zu sein. Schon kleine Genussmomente im Alltag, in denen Sie kurz innehalten und durchatmen, sorgen dafür, dass Sie sich besinnen und Energie sammeln. Arrangieren Sie frische Blumen in einer Vase, bereiten Sie Ihren Lieblingstee zu, lauschen Sie Ihrer Musik, plaudern Sie mit Ihren Freunden. Kochen Sie mal etwas, was Ihnen schmeckt, statt immer nur „Kinderteller" auf den Tisch zu bringen. Eltern sollten auch, wenn sie heimkommen – möglichst ungestört –, eine kleine Weile miteinander verbringen. Erzählen Sie sich, was der Tag Gutes gebracht hat. Das sind kleine Bausteine, die Sie in Ihren Alltag einfügen können. Sie haben eine große Wirkung.

Nehmen Sie sich regelmäßig frei vom Elternsein, tun Sie etwas, das Ihnen schlicht und einfach Spaß macht und guttut. Dafür kann es hin und wieder erforderlich sein, sich einen Babysitter zu leisten, Freunde oder Familienangehörige um Hilfe zu bitten, um einen Abend ins Kino zu gehen oder ein Wochenende zu verreisen – ohne die Kinder. Erzählen Sie dem Babysitter, was Ihre Kinder gern mögen, welche Rituale sie schätzen und wann sie ins Bett gehen. So profitieren alle von der „Auszeit".

Ein Gedanke, der immer wieder hilft: ALLES HAT SEINE ZEIT!!! ... Auszeiten einplanen, bewusst einen eigenen Termin im Kalender festlegen ... Akku muss aufgeladen werden, wie? Jede(r) weiß selbst, was gut tut, man muss es nur tun ... Reaktionen bei Wut: Zimmer verlassen (KURZ!), durchatmen. Bei Glück und Harmonie: Genießen nicht vergessen! – Regina Wehrle, Königsfeld, eine Tochter

Unvergessliche Momente

An welche Augenblicke aus Ihrer Kindheit denken Sie besonders gerne? An die Ferien auf dem Land und an der See? So einfache Dinge wie das Salz auf der Haut nach dem ersten Bad im Meer oder der Geruch von frischem Heu auf dem Bauernhof haben wir selbst Jahre später nicht vergessen. Diese sinnlichen Erfahrungen wecken bei vielen Menschen bis ins hohe Erwachsenenalter glückliche Erinnerungen an Momente voller Unbeschwertheit.

Für Kinder sind Urlaubserfahrungen stets etwas Besonderes. Sie erweitern ihre Welt um viele neue Eindrücke und bescheren den Heranwachsenden das, was auf ihrer Wunschliste ganz oben steht: mehr Zeit mit Mama und Papa. Kein Wunder, dass die Vorfreude auf die gemeinsame Ferienzeit groß ist. Die richtige Mischung aus vorausschauender Urlaubsplanung, unverplantem Freizeitgenuss und spannenden wie entspannenden Unternehmungen sorgt dafür, dass die gemeinsamen Ferien auch für Ihre Kinder zu einem Erlebnis mit unvergesslichen, prägenden Momenten werden.

Sand und Strand

Mehr Zeit für einander bedeutet auch im Urlaub keinesfalls, die Zeit für sich selbst aus dem Blick zu verlieren. Denn Eltern und Kinder haben neben dem Wunsch nach Gemeinsamkeit unterschiedliche Bedürfnisse in Sachen Erholung und Unterhaltung. Familienfreundliche Ferienorte wie zum Beispiel das Ostseeheilbad Dahme bieten viel Raum für gemeinsame Unternehmungen in freier Natur – von Beach-Volleyball-Turnieren über Schwimmen und Surfen bis zur Radtour in die Wälder. Genießen Sie die heilsame Wirkung von Strandspaziergängen oder eine entspannte Auszeit im Strandkorb. Die Landschaften am Meer – ob naturbelassene Dünenlandschaften oder beeindruckende Steilküsten – sind wohltuend und bleiben in angenehmer Erinnerung bei Klein und Groß.

Kinder haben ein unerschöpfliches Verlangen nach Bewegung, Kreativität und Fantasie. Der Strand bietet dafür unendliche Möglichkeiten: Muscheln oder Wunschsteine sammeln, Piraten spielen, eine Sandburg bauen. Und wenn die Kinder in Blickweite auf Entdeckungstour sind, können Mama und Papa ohne schlechtes Gewissen entspannen und auch einmal nichts tun.

Das Gefühl für den Augenblick ❺

Mitmach-Idee für Eltern: Wolkig und dennoch heiter

Treffen Sie auch Vorkehrungen für weniger sonniges Wetter. Nehmen Sie Spiele mit und erkundigen Sie sich an Ihrem Urlaubsort nach Ausflugsmöglichkeiten. Kleine Schwimmer freuen sich bei Regen zum Beispiel auch über den Besuch im Hallenbad.

Frischer Wind um die Nase

Kinder sind Forscher. In einer neuen Umgebung gibt es viel zu entdecken – mit allen Sinnen: Warum riecht die Luft so anders, wenn mir eine frische, salzige Meeresbrise um die Nase weht? Wieso schmeckt der frische Fisch aus der Ostsee anders als der aus dem Supermarkt? Altbekanntes wird verglichen, hinterfragt und neu entdeckt. Das schärft die Wahrnehmung für das, was Natur und Umgebung mit uns und unserem Körper machen: „Vor dem Fernseher brummt mir nach einer Weile der Kopf, beim Spielen an der frischen Luft nie."

Glücksmomente wiederholen

Erinnerungen an schöne Erlebnisse verschaffen uns Glücksmomente, auch wenn es im Alltag mal nicht rund läuft. Die Anspannung lässt spürbar nach. Auch Kinder erinnern sich gerne an Momente, die ihre Erfahrungswelt bereichert haben, und lieben die Wiederholung: „Im Urlaub gab es Stockbrot am Lagerfeuer. Können wir das an meinem Geburtstag auch mit meinen Freunden machen?"

Wenn der Mittagstisch am Sonntag mit selbst gesammelten Muscheln und meerblauen Servietten dekoriert ist, hat ein Stück Urlaub auch in den Alltag Einzug gehalten. Vielleicht ist an der Wand daneben Platz für die schönsten Urlaubsfotos? Mama vor dem alten Leuchtturm, Max beim Training in der Fußballakademie, Lisa beim Einbuddeln von Papa im Sand oder Oma und Opa auf der Dahmer Seebrücke …

Mitmach-Idee für Eltern: Den Alltag verschönern

Was sind es für Kleinigkeiten, auf die Sie einmal so richtig Lust haben? Notieren Sie diese und schreiben Sie gleich dahinter, was Sie konkret tun können, um sie zu realisieren. Nehmen Sie Ihren Terminkalender zur Hand und tragen Sie am besten gleich den ersten Schritt ein, und wenn da nur steht: Monika anrufen und fragen, ob sie Lust auf eine Fahrradtour hat ...

Sorgen Sie dafür, dass Sie zufrieden sind, dann ist es auch Ihr Kind. Denn Ihre gute Laune und Ihre Freude übertragen sich auf die Kleinen. Wir fühlen, was in den uns nahestehenden Menschen vorgeht, ihre Freude oder ihren Schmerz. Kinder merken, wie es in ihren Müttern aussieht, und umgekehrt. Emotionale Signale, die Sie aussenden, wirken auf Ihr Kind. Freuen Sie sich des Lebens, nähren Sie das kindliche Gehirn, damit Glück und Lebensfreude darin reifen.

Gelassen „Nein" sagen

Welche Mutter kennt das nicht: Es ist Sommer. Sie gehen mit ihrem Sprössling an der Hand an einer Eisdiele vorbei. „Mama, ich will ein Eis!", sagt er. Sie erwidern: „Nein, es gibt bald Abendbrot." „Ich will aber ein Eis!" Sie schütteln den Kopf. „Will aber!", ruft das Kind, legt eine Tonlage zu und stampft mit seinen Füßen auf. „Nein!", entgegnen Sie, ebenfalls lauter. „Will ein Eis!!!", brüllt es nun mit hochrotem Kopf und zerrt an Ihrer Hand, um sich loszureißen. „Nein, du kriegst jetzt keins!!!", schreien Sie vielleicht entnervt. Mutter – oder Vater – und Kind schaukeln ihre Wut hoch, versuchen, sich gegenseitig zu übertrumpfen, reagieren mit „Wenn-dann-Formulierungen", drohen schlimmstenfalls mit Sanktionen oder Liebesentzug. Dabei gibt es einen einfachen Weg, das zu umgehen: leise „Nein" sagen. Wenn ihr Kind dennoch keine Ruhe gibt, erwidern Sie wieder leise „Nein". Atmen Sie dabei bewusst ein und aus, entspannen Sie Schultern und Körper, lächeln Sie und sagen Sie „Nein". Sie werden sich wundern: Ihr Kind gibt das Zetern auf.

Das Gefühl für den Augenblick 5

Entscheidend dabei ist: Sie beherrschen Ihre Gefühle, anstatt Ihr Kind. Sind Sie achtsam mit Ihren Gefühlen, sind Sie gelassen in der Erziehung. Achtsam mit Emotionen sein, heißt, sich nicht von ihnen überfluten zu lassen, sich nicht mit ihnen zu identifizieren, sondern einfach nur zu beobachten, wie sie kommen und wieder gehen. Auf diese Weise distanzieren sie sich von ihnen und erkennen, dass Gefühle eben nur Gefühle sind, aber nicht „Sie".

> **Tipp und Mitmach-Idee für Eltern: Innehalten**
>
> Hilfreich ist, sich gedanklich aus der Situation herauszunehmen und sie als Zuschauer zu betrachten. Dann ist man nicht mehr Teil des Geschehens, sondern Beobachter. So lässt sich die Situation sachlicher sehen, ohne allzu starke Gefühle zu entwickeln. Das bedarf jedoch einiger Übung.
> Halten Sie mehrere Male in Ihrem Alltag kurz inne und lauschen Sie auf Ihren Atem. Welche Gefühle nehmen Sie wahr? In welcher Körperregion spüren Sie welche Gefühle? Halten Sie die Emotionen nicht fest, sondern beobachten Sie sie nur. Nach einer Weile machen Sie mit dem weiter, was Sie gerade getan haben. Wenn ein heftiges Gefühl Sie zu überwältigen droht, setzen sie sich gerade auf einen Stuhl oder eine andere Sitzgelegenheit. Atmen Sie tief in den Bauch ein und aus und richten Sie Ihre Aufmerksamkeit dabei auf den Unterbauch. Sie können sich auch hinlegen und die Hände auf den Unterbauch legen. Atmen Sie tief in den Bauch, bis der Sturm vorüber ist.

Eine gelassene Erziehung entspannt Kinder. Das gilt schon für die ganz Kleinen. Ein Beispiel: Ihr Baby liegt frisch gewickelt und gefüttert in seinem Bettchen und schreit. Wenn Sie versuchen, ruhig und gelassen nach dem Rechten zu schauen, spürt das Baby Ihre positive Ausstrahlung. Es fühlt, dass Sie innerlich sicher sind, und beruhigt sich. Freuen Sie sich auf das Stillen Ihres Babys, sind dabei guter Dinge und entspannt, obwohl nebenan das Telefon schrillt, Oma aus der Küche ruft und die Geschwister toben, entspannt das Baby sich ebenfalls, genießt es, dass Sie sich ihm zärtlich zuwenden, und nuckelt genüsslich.

Eigentlich sagt Ihnen das auch Ihre innere Stimme. Tief im Inneren spüren Mütter und Väter, was gut für ihre Kinder ist. Eltern trauen sich oft nur nicht, darauf zu hören. Schon wenn sich der Bauch der werdenden Mutter zu runden beginnt, kommen von allen Seiten gute Ratschläge. Ist das Kleine erst auf der Welt, stürzen die Meinungen anderer regelrecht auf sie ein. Die junge Mutter bezweifelt ihr eigenes Gefühl. Vertrauen Sie Ihrer Intuition, hören Sie achtsam darauf, was Ihr „Bauchgefühl" sagt.

Sinnlich leben

Schmusen ist lebenswichtig für Kinder. Wenn Sie Ihr Kind sanft streicheln, leiten Millionen von Nervensensoren in seiner Haut wichtige Impulse an das Gehirn weiter. Jeder Sinneseindruck, die zärtliche Berührung der elterlichen Hand, Düfte, das Vogelzwitschern werden im kindlichen Gehirn als „Wahrnehmungsbilder" gespeichert. Dabei prägen sich angenehme Empfindungen intensiver ein als unangenehme. Sie bilden einen wichtigen Grundvorrat für das Leben. Denn die inneren Bilder formen bestimmte „Nervenmuster" im Gehirn, nach denen Ihr Kind später die Welt erlebt.

Lassen Sie es deswegen mit allen Sinnen die Welt entdecken, in der Erde wühlen, sich im Gras wälzen, im Wasser plantschen und den Duft einer Apfelsine riechen. Je vielfältiger die Sinneseindrücke sind, desto besser nähren sie das kindliche Gehirn. Machen Sie mit und leben Sie sinnlich mit Ihrem Kind.

Das kann ganz einfach sein. Gehen Sie an einem warmen Frühlings- oder Sommertag mit Ihrem Kind ins Freie, legen Sie sich gemeinsam auf eine Wiese ins Gras und hören, sehen, riechen und tasten Sie, was die Wiese zu bieten hat. Bienen, die summen, quietschgrünes Gras, das duftet, und Gänseblümchen, aus denen man einen Kranz winden kann. Spielen Sie einfach „Ich sehe was, was du nicht siehst" oder „Ich höre was, was du nicht hörst ...".

Wunderbar sinnlich ist es auch, Lieder zu singen. Singen Sie mit ihren Kindern Lieder, statt eine CD oder Kassette einzulegen. Kleine Kinder hören die Zwischentöne, das heißt die Gefühle in Ihrer Stimme oder der eines vertrauten Menschen; sie spüren, ob Sie fröhlich oder traurig sind. Die Emotionen, die in Ihrer Stimme mitschwingen, schulen die Wahrnehmung des Kindes und tragen dazu bei, dass es ein feines Empfinden für andere entwickelt.

Babys spielen mit Rasseln und Schlüsselbunden, klopfen lautstark mit Bauklötzen oder Kochlöffeln auf Tisch und Töpfe. Ein paar Jahre später wünschen sie sich – oft zum Leidwesen der Eltern – eine Trommel. Auch wenn dafür Geduld erforderlich ist: Lassen Sie Ihre Kinder Kinder sein. Über den Rhythmus drücken sie Freude, Wut und Zorn aus. Die Musik beruhigt sie, wühlt auf, schult ihre Aufmerksamkeit. Vielleicht singen sie später im Chor mit oder möchten ein Instrument spielen. Musizieren ist gut, denn es trainiert das Gehirn, fördert die Vernetzung der Nervenzellen.

An der langen Leine

Alles, was Ihr Kind tut – egal, ob es spielt, herumtollt, malt oder singt –, formt sein Gehirn. Ja sogar, wie Sie, seine Erzieher und später die Lehrer mit ihm umgehen, sorgt dafür, wie Milliarden von Nervenzellen im Kinderhirn verknüpft werden. Ständig möchte Ihr Kind dazulernen, immerzu aufs Neue die Welt erkunden. Helfen Sie ihm dabei. Ihre Anregungen geben ihm wichtige Impulse, aber nicht nur das. Alles, was die kleinen Entdecker aus sich selbst heraus entwickeln, ist am besten für das Gehirn und für die Persönlichkeit des Kindes. Kinder sind neugierig. Dürfen sie bis zu einem gewissen Grad selbst bestimmen, was für sie spannend ist, steuern sie intuitiv neue Erfahrungen an.

Mitmach-Idee für Kinder: Lupensuche

Kaufen Sie Ihrem Kind eine Lupe und unternehmen Sie einen Ausflug in den Park, Wald oder auf eine Wiese. Nun lassen Sie Ihr Kind Gräser unter die Lupe nehmen, Blätter, Pilze, Flechten, Käfer ... Ist es schon etwas älter, kann es in einem Bestimmungsbuch nachschauen, wie die Pflanzen und Tiere heißen.

Kinder wachsen daran, wenn sie erleben, dass sich die kleinen Krisen und Probleme des Alltags meistern lassen, zum Beispiel, wenn die Eltern über ein Wochenende verreisen und die Großeltern oder ein Babysitter dableiben. Wenn die Kinder das erst einmal „verdaut" haben, entspannen sie sich. Sie merken, dass es durchaus auch sein Gutes hat, wenn die Eltern mal weg sind. Die Kinder wachsen ein Stückchen über sich selbst hinaus und entwickeln sich weiter.

Weniger ist mehr

Kinder möchten spielen – einfach nur spielen. Schaffen Sie Freiräume dafür, planen Sie aber keinesfalls feste Spielzeiten, nach dem Motto: Jeden Sonntagnachmittag spielen wir zusammen. Das nimmt den Kleinen den Spaß und jegliche Spontaneität. Etwas anderes ist es, wenn Sie sagen: „An diesem oder jenem Nachmittag oder Abend können wir uns doch alle einmal zusammensetzen und spielen." Es sollte nur keine starre Regel sein. Sicher ist das in der heutigen Zeit, in der alles auf Wochen im Voraus geplant wird, einfacher gesagt als getan.

Aber Sie haben mehr Zeit, als Sie denken. Und: Es macht Spaß, spontan zu sein. Konzentrieren Sie sich auf das wirklich Wichtige und lassen Sie überflüssige Termine und Verabredungen weg. Weniger ist oft mehr. Und Sie werden staunen: Es geht.

Gehen Sie einen Nachmittag zusammen in den Garten oder in einen Park, ohne sich vorher ein Programm zu überlegen. Ihren Kindern wird etwas einfallen. Vielleicht spielen sie Verstecken in den Büschen, klettern auf Bäume oder malen Bilder in den Sand. An einem Regentag bauen sie im Zimmer Türme und Burgen aus Bauklötzen, schaffen sich Höhlen aus Stühlen und Decken, spielen Gespenst mit einem Bettlaken. Kinder spielen gern mal spontan das, worauf sie gerade Lust haben – sie improvisieren mit Hilfe ihrer Fantasie.

Mitmach-Idee für Kinder: Vorhang auf!

Spielt doch einfach mal Theater. Baut ein Schiff aus dem umgekippten Tisch und verkleidet euch als Seeräuber. Wer ist der Kapitän und wer der Matrose? Oder mögt ihr lieber ein Flugzeug steuern? Ein umgedrehter Stuhl ist ein super Cockpit. Oder Prinzessin und die böse Hexe? Im Kleiderschrank eurer Eltern sind bestimmt Sachen, die ihr euch zum Verkleiden ausleihen dürft.

Kinder lieben Dinge aus der Abstellkammer: alte Kataloge, die man knittern und zerreißen kann, leere Joghurtbecher und Kartons, Eierpappen, Klopapierrollen, Alufolie, Strohhalme, Bast, um daraus Eisenbahnen, Hochhäuser, Ritterburgen oder Weltraumstationen zu bauen.

Für Kleinkinder sind die einfachsten Spielsachen wahre Schätze: Papas Rasierpinsel, der so schön auf der Haut kitzelt; Mamas Schminktasche, die beim Auf- und Zumachen immer „Klack" macht; Regenhüte, die man über die Ohren ziehen kann.

Animieren Sie Ihre Kinder sanft. Setzen Sie sich an den Tisch, breiten Sie Stifte und Papier aus und siehe da, wenig später kommt Ihr Knirps dazu und malt. Fangen Sie an, Blätter zu pressen, um sie später einzukleben, oder alte Kleider auszusortieren. Es wird nicht lange dauern, bis Ihr Kind sich als angehender Botaniker erweist oder als Vagabund verkleidet. Auf diese Weise können Kinder selbst entscheiden, ob sie mitmachen. Das Ergebnis: Sie sind motivierter und haben mehr Spaß.

Das Gefühl für den Augenblick 5

Probieren Sie auch gemeinsam neue Spiele aus und lassen Sie sich dabei von den Kindern anregen, oder geben Sie ihnen kleine Anstöße, die sie aufgreifen.

Mitmach-Ideen für Eltern und Kinder: Malerei und Museum

Malen Sie zusammen. Es ist für Kinder unwichtig, ob dabei kunstvolle Bilder entstehen. Sie möchten die Welt anschauen, begreifen und die eigenen Erlebnisse und Gefühle aufs Papier bringen. Nebenbei lernen sie, mit verschiedenen Stiften zu zeichnen oder zu malen, vor allem aber, aus sich selbst heraus etwas zu erschaffen.

Schauen Sie doch mal in einem Technikmuseum vorbei. Da stehen Dampfmaschinen und Dieselmotoren, alte Telegrafen und Telefone oder Druckmaschinen ... Erkundigen Sie sich nach Angeboten für Kinder, bei denen sie Fragen stellen können. Diesen Zweck erfüllen natürlich auch andere für Kinder interessante Museen. Wichtig ist, dass Ihr Kind übt, auf jemanden zuzugehen und zu fragen.

„Kick" fürs Gehirn

Bieten Sie Ihrem Kind auch Überraschungen, kleine Abenteuer im Alltag. Sie sorgen für Kitzel im Bauch. Babys lauschen gebannt, wenn Sie ein neues Lied pfeifen, Kleinkinder traben mit Herzklopfen auf Papas Schultern über die Wiese. Spannende Erlebnisse machen Spaß und aktivieren das emotionale Zentrum im Gehirn. Dort werden bestimmte Botenstoffe vermehrt ausgeschüttet, Nervenzellen neu verknüpft. Abenteuer sind ein „Kick" fürs Gehirn. Wichtig ist: Halten Sie die Aufregung im Rahmen, damit sie nicht in negativen Stress umschlägt.

Mitmach-Idee für Eltern und Kinder: Zeltnacht

Warten Sie auf eine Vollmondnacht. Nehmen Sie sich jeder eine Taschenlampe und spielen Sie zusammen im Garten Verstecken. Das schult Orientierung und Aufmerksamkeit und ist ganz schön aufregend.

Übernachten Sie gemeinsam im Zelt im Garten. Machen Sie ein Picknick vor dem Zelt, kuscheln Sie sich anschließend in die Schafsäcke und lesen Sie mit der Taschenlampe eine Geschichte vor, während die kühle Nachtluft durch die Ritzen kriecht und von draußen fremde Geräusche zu hören sind ...

Nehmen Sie wahr, was Ihr Kind wirklich mag. Ist es eher gesellig und verabredet sich gern mit seinen Freunden? Oder ist es am liebsten in seinem Zimmer und bastelt? Geben Sie Ihrem Kind Raum, seine eigenen Ideen und Wünsche zu entwickeln. Nehmen Sie seine tiefen Bedürfnisse wahr. Das hat nichts damit zu tun, ihm alle Wünsche zu erfüllen. Im Gegenteil, ein Kind muss auch lernen, dass es etwas nicht sofort, sondern vielleicht später bekommt, und es sollte auch verzichten können. Erklären Sie Ihrem Kind zum Beispiel, warum Sie jetzt oder grundsätzlich kein neues Discokleid für die Lieblingspuppe kaufen, und vor allem: Bleiben Sie dabei.

Sie brauchen sich nicht den ganzen Tag mit Ihren Kindern zu beschäftigen. Wenn Sie sich ihnen ein- bis zweimal am Tag aufmerksam zuwenden, sie dabei immer wieder liebevoll umarmen und herzen und ihnen sagen, dass Sie sie so richtig lieb haben, sind Ihre Kinder entspannt und glücklich. Und Sie ebenfalls. Was zählt, ist die intensive Zeit miteinander. Kinder sollten spüren: Ich bin meinen Eltern wichtig.

Die Zeit vergessen

Schaffen Sie Ruheoasen im Alltag, für sich und Ihre Familie, ohne Handy, Telefon, laufenden Fernseher und Computer. Eine wunderbare Möglichkeit, in andere Welten einzutauchen, ist gemeinsames Lesen. Lesen Sie Ihren Kindern vor. Im weichen Gras, wenn die Sonne durch die Baumzweige blinzelt, oder gemütlich auf dem Sofa, während die Regentropfen an die Fensterscheiben klopfen, versetzen Sie sich und Ihre Kinder in fremde Gedanken- und Gefühlswelten, lassen Ihrer Fantasie freien Lauf. Vielleicht erinnern Sie sich daran, wie Sie als Kind gelesen haben, heimlich mit der Taschenlampe unter der Bettdecke. Ein Gefühl von Wärme und Geborgensein steigt in Ihnen auf, stärkt und entspannt auch Sie. Sich in ein Buch zu vertiefen, hat nichts mit dem „Scannen" einer Internetseite zu tun, wo man nebenbei noch seine E-Mails checkt – ganz im Gegenteil.

Ein Buch stabilisiert, bringt Sie und Ihre Kinder dazu, Pausen zu machen und sich in eine spannende oder lustige Geschichte zu versenken. Die amerikanische Leseforscherin Maryanne Wolf spricht von der Kunst des „tiefen Lesens". Lesen ist wertvolle Kost fürs Gehirn, durch die sich neue Verknüpfungen und Assoziationen bilden. Es erlaubt dem Kind, „Gedanken zu haben, die tiefer sind als die Gedanken, die ihm bisher gekommen sind". Einfacher gesagt: Das Gehirn wächst über sich hinaus.

Das Gefühl für den Augenblick 5

Wie wichtig Vorlesen dafür ist, dass Kinder später selbst gern lesen, ist bekannt. Doch wird dabei oft übersehen, wie wichtig die Freude ist, die Begeisterung und das Mitgefühl, mit dem Sie und die Kinder in das Buch eintauchen. Was Sie dafür brauchen, sind gute Kinderbücher. Gute Kinderbücher sind nicht kindlich, sondern bilden Lebenswelten ab, die auch Erwachsene interessieren. Das heißt: Gute Kinderbücher gefallen auch Ihnen! Wenn Sie begeistert vorlesen, regelmäßig in Büchereien und Buchhandlungen nach geeigneten Büchern stöbern, spürt ihr Kind Ihre Leselust und wird von Ihnen angesteckt.

> **Mitmach-Idee für Eltern und Kinder: Damals …**
>
> Erzählen Sie Ihrem Kind, wie es war, als sie klein waren, was Sie in den Ferien gemacht haben, welche Schulstreiche Sie gespielt und womit Sie die Lehrer geärgert haben … Berichten Sie von den Großeltern, Urgroßeltern, Tanten und Onkeln, zeigen Sie Fotos und zeichnen Sie einen Stammbaum. So erfährt Ihr Kind, dass seine Familie eine Geschichte hat, und lernt seine Wurzeln kennen. Das verwurzelt Kinder im Leben.

Lesen Sie Kindern Märchen vor, oder – noch besser – erzählen Sie sie nach. Steigen Sie richtig in das Märchen ein und schmücken Sie es hier und da um spannende Facetten aus. Schauen Sie Ihre kleinen Zuhörer dabei immer wieder an, versichern Sie sich, dass Sie an Ihren Lippen hängen und emotional voll dabei sind.

Dann können Sie spontan auch mal einen Bösewicht mehr oder lieber eine gute Fee auftreten lassen. So regen Sie die emotionalen Zentren im kindlichen Gehirn an. Sie sprühen sozusagen Zauberfunken ins Gehirn. Märchen sind dabei besonders wertvoll. Sie sind Kraftfutter für das Kindergehirn.

Einfach mal nichts tun

Es gibt noch eine Möglichkeit, für Ruhe im Leben zu sorgen: Tun Sie einfach mal nichts. Schauen Sie sich das von Kindern ab. Sie werden staunen, wie schnell Kinder ohne „Programm" selbst auf die Idee kommen, was sie spielen können. Bei Erwachsenen dauert das meist länger. Nehmen Sie sich die kindliche Freude am Hier und Jetzt ruhig öfter mal zum Vorbild. Die Welt um uns herum bricht deshalb nicht zusammen. Aber fliehen Sie nicht vor der Leere, die sich da plötzlich auftut, wenn Sie sich langweilen, sondern fühlen Sie ihr auf den Grund und genießen Sie den manchmal auch heilsamen Moment. Seien Sie offen für das, was in Ihnen lebendig werden möchte, in diesem Augenblick.

Den eigenen Körper wahrnehmen

Ein Gefühl von sich selbst

Sich selbst wahrzunehmen, eine der wichtigsten psychischen Fähigkeiten, lernt der Mensch ein Leben lang. Er fängt damit früh an, und zwar schon, wenn er noch gar nicht geboren ist. Umhüllt von der Fruchtblase seiner Mutter, bekommt der Fötus bereits eine erste Ahnung von sich selbst, indem er beginnt, seinen eigenen Körper zu spüren. Die Körperwahrnehmung ist eine Basiserfahrung, die dem Baby ein erstes vages Gefühl von sich selbst gibt. Sie lässt das Kind spüren, dass es nicht machtlos ist, sondern etwas bewirken kann – eine wichtige Voraussetzung dafür, später selbstsicher und voller Selbstvertrauen durch das Leben gehen zu können.

Doch wie spüre ich mich in der Hektik der heutigen Zeit? Wie kommen Kinder zu sich selbst, wenn das Leben ringsum immer ruheloser und komplexer, Schulstunden und Hausaufgaben immer mehr werden? Entspannung im Alltag bringt Sie und Ihre Kinder in Kontakt mit sich selbst; Ausflüge in die Natur lassen Große und Kleine mit allen Sinnen die Welt und sich selbst entdecken.

Ich kann Berge versetzen

Schon im Mutterleib beginnt Ihr Baby, seinen Körper wahrzunehmen. Im dritten Schwangerschaftsmonat fühlt es, wenn Sie sich drehen, beugen oder mit den Hüften schaukeln, und bewegt daraufhin seine winzigen Muskeln und Gelenke. Später spielen manche Babys mit ihrer Nabelschnur, nuckeln an ihren Händen und Füßen und fassen sich an. Sie registrieren, wenn die Eltern ihre Hände auf den Bauch legen. Körpererfahrungen sind die ersten und wichtigsten Erfahrungen, die im Gehirn verankert werden.

Den eigenen Körper wahrnehmen 6

Ist Ihr Neugeborenes einen Monat alt, kuschelt es sich an Sie. Sensoren in Muskeln und Gelenken „melden" ihm, wie es das von sich aus machen kann. Streicheln Sie sanft seine zarte Haut, empfindet es dabei seinen eigenen Körper: Das bin ich. Und die Hand, die ihn streichelt: Das bist du. Im Gehirn entsteht dabei eine Art innere Landkarte der eigenen Körperoberfläche. Ein, zwei Monate später „informieren" die Nackenmuskeln darüber, wie es seinen Kopf hält, und orientieren es im Raum, in dem es gerade ist. Ihr Baby versucht nun, sein Köpfchen aufrecht zu halten, und stützt sich mit den Armen vom Boden ab, um seine Umgebung im Blick zu haben. Mit 16 Wochen sind keine Rassel und kein Schlüsselbund mehr vor ihm sicher.

Mitmach-Idee für Eltern: Krachmacher

Lassen Sie sich von der Begeisterung Ihres Babys anstecken, wenn es mit Rasseln, Schlüsselbund und Kochlöffeln auf Topfdeckeln und Tischplatte für Stimmung sorgt und sich über seinen Erfolg freut. Machen Sie mit!

Ihr Baby krabbelt jauchzend über den Boden, hält sich am Tischbein fest, zieht den Papierkorb zu sich heran, stößt ihn um und zerknüllt begeistert die herauspurzelnden Papierfetzen und Briefumschläge. Es gluckst, quiekt, schmatzt, schreit oder weint und merkt, dass seine Eltern darauf reagieren. Täglich kann es mehr. Durch diese Erfahrungen lernt es, dass es etwas bewirken kann, dass es ein Geschehen beeinflussen oder gar bestimmen kann. In der Psychologie nennt man das Selbstwirksamkeit. Dieses Erkennen, sein Leben in die Hand nehmen zu können, ist wesentlich für das spätere Leben. Das Kleinkind merkt, dass es immer mehr machen und immer mehr wollen kann, dass es seinen eigenen Kopf hat, und registriert: Ich kann „Berge versetzen".

> *Selbstbewusstsein durch Gegenseitigkeit: Bereits 1-Jährige können die Eltern mit Brotstückchen oder Obst füttern. 2-Jährige können auf dem Spielplatz auch mal die Eltern anschaukeln. Und heute schließt meine 3-jährige Tochter mein Fahrradschloss mit einem Schlüssel auf, während ich ihr Zahlenschloss öffne. Immer kommt dabei rüber: Ich kann das auch schon. Ich bin schon groß. Meine Eltern betrachten mich (hier) auf Augenhöhe. Und nebenbei wird Verantwortung übernommen.* – Sonja Hahn, Jena, eine Tochter (3 Jahre)

Unterstützen Sie Ihr Kind dabei, sich selbst zu entdecken. Freuen Sie sich mit ihm, wenn auch der letzte Bauklotz auf dem wankenden Turm liegt, halten Sie mit ihm gebannt den Atem an, wenn Sie zusammen ausprobieren, ob der Ritter auf dem Pferd durch die Tür der selbst gebauten Burg passt. Indem Sie Ihr Kind positiv bestärken und mit ihm fühlen, motivieren Sie es zum Weitermachen. Halten Sie sich aber beim gemeinsamen Spielen oder Basteln zurück. Lassen Sie Ihr Kind bestimmen. Respektieren Sie, wenn es keine Lust mehr hat oder müde ist.

Ab dem 2. Lebensjahr ist sich Ihr Kind immer mehr seiner selbst bewusst. Immer häufiger gebrauchet es das Wort „ich". Es entdeckt seine eigenen Kräfte und will sie unbedingt ausprobieren. Versuchen Sie in dieser Phase, Ihrem Kind Grenzen zu setzen, wo nötig, und Freiraum zu geben, wo es möglich ist. Diese Balance hinzubekommen, ist nicht einfach, aber wichtig. Denn nur wenn ein Kind genügend Freiraum hat, lernt es, gern aktiv zu sein, eigene Ideen auszuprobieren und Aufgaben zu lösen. Es entwickelt ein positives Lebensgefühl.

Jeden Samstagvormittag teilen wir Aufgaben und Dienste, die an diesem Wochenende anstehen, wie zum Beispiel Müll rausbringen, Spülmaschine ein- und ausräumen, Wäsche falten, Hasenstall säubern ... etc., untereinander auf (auch die Erwachsenen bekommen Aufgaben). Die Kinder müssen dabei mindestens einen Dienst übernehmen, welchen davon, das dürfen sie sich aussuchen. – Isabelle Auerbach, München, zwei Töchter (9 und 7 Jahre)

An sich selbst glauben

Jedes Mal, wenn Kinder selbst die Initiative ergreifen und sich über ihren Erfolg freuen, trauen sie sich mehr zu. Dabei ist es egal, ob sie Mamas Nacken kitzeln, am Strand einen Dino aus Sand bauen oder heimlich den Fußball aus Nachbars Garten zurückholen. Sie glauben an sich selbst und wissen immer besser, was sie alles können. So wächst ihr Vertrauen in die eigenen Fähigkeiten und hinterlässt dauerhaft Spuren im Gehirn. Denn nur, wenn Kinder von Anfang an viele Möglichkeiten haben, sich selbst wahrzunehmen und auszuprobieren, können die hochkomplexen Netzwerke vor allem im Frontalhirn gefestigt und damit verankert werden. Geschieht das nicht, lösen sie sich auf und gehen damit verloren. Dieser Teil des Gehirns wird zum Beispiel aktiv, wenn wir bewusst überlegen, was wir wie und warum tun möchten. Die dort herausgeformten Netzwerke ermöglichen es, uns ein Bild von uns selbst, den anderen und der Welt zu machen.

Den eigenen Körper wahrnehmen 6

Deswegen: Lassen Sie los, akzeptieren Sie, dass im Leben Ihres Kindes auch andere Menschen immer wichtiger werden: eigene Freunde in Kindergarten und Schule, die Erzieherin oder Lehrerin, die von den Kindern Gänseblümchen und bunt beklebte Gurkengläser als kleine Geschenke erhält. Ihr Kind wird immer selbstständiger und genießt es, auch mal eigene Wege zu gehen.

Bieten Sie Ihrem Kind altersgerechte knifflige Aufgaben – spielerisch, ohne es zu überfordern: über Hürden laufen, auf einem Baumstamm balancieren, im Supermarkt an der Kasse bezahlen oder den Kohlkopf beim Gemüsehändler umtauschen. Mit jeder Herausforderung, die Ihr Kind meistert, wächst es ein Stückchen über sich selbst hinaus. Und mit jeder, die nicht klappt, auch, denn aus Fehlern lernt Ihr Kind.

Mitmach-Ideen für Eltern und Kinder: Kniffliges

Wer findet, der hat: Verstecken Sie bestimmte Gegenstände wie zum Beispiel ein Spielzeugauto, einen Regenschirm, einen kleinen Blumentopf, ein Buch. Jeder Spieler soll sich die Verstecke merken. Nach einer Weile geht es auf die gemeinsame Suche. Wer findet die meisten Sachen wieder?

Knifflige Streichhölzer (für etwas ältere Kinder): Nimm 6 gleich lange Streichhölzer. Ordne sie so an, dass 4 Dreiecke entstehen, die gleich lang sind. Gar nicht so einfach ...

Lösung als Abbildung auf Seite 68.

Die Lösung: 3 Streichhölzer wie ein Zeltgerüst an den Spitzen zusammenstellen, dann die restlichen 3 jeweils zwischen die anderen legen. Und jetzt zähl die Dreiecke ...

Das bin ICH!

Die größte und spannendste Aufgabe für jedes Kind ist es, sich selbst von Kopf bis Fuß zu entdecken. Die Körperwahrnehmung spielt dabei eine besondere Rolle. Dafür sorgt die sogenannte „kinästhetische Wahrnehmung" oder Tiefensensibilität. Sie ist bereits beim Fötus im Mutterleib ausgebildet und beruht auf vielen spezialisierten Sinneszellen, die im ganzen Körper verstreut in den Muskeln, Sehnen, Bändern und Gelenken verborgen sind. Wie hochempfindliche Sensoren registrieren sie jede auch noch so kleine Bewegung und melden sie ans Gehirn. So entsteht ein inneres Bild vom Körper und seinen Grenzen, dem Körperschema: Das bin ich! Das ist mein linker oder rechter Arm! Damit Kinder ein gutes Körpergefühl entwickeln, brauchen sie vielseitige Bewegungsreize. Um die Sinneszellen gut zu trainieren, sind Bewegungsspiele ideal. Vor allem aber gilt: Sie sollen Spaß machen!

Mitmach-Ideen für Kinder: Körperwahrnehmung

Versteinern: Diese Übung macht mehr Spaß, wenn ihr mehrere Kinder seid. Spielt schöne Musik, die euch gefällt, und bewegt euch dazu im Raum. Immer abwechselnd bleibt einer von euch beim Recorder, CD- oder MP3-Player und stoppt die Musik. Sofort müssen alle Kinder in ihrer Haltung stehen bleiben und „versteinern". Erst wenn die Musik wieder beginnt, dürfen sie sich bewegen.

Ein Hampelmann sein: Hast du einen Hampelmann? Wenn nicht, bitte deine Eltern, mit dir einen aus Pappe zu basteln. Hänge ihn an die Wand und versuche mit deinen Freunden, seine Bewegungen mit Armen und Beinen nachzumachen. Kriegst du es hin? Möchtest du ein Hampelmann sein? Das kann richtig Spaß machen!

Luftmatratze spielen: Tut euch zu zweit zusammen. Lege dich auf den Boden, dein/e Freund/in setzt sich daneben. Du stellst dir vor, eine Luftmatratze zu sein, während dein/e Freund/in dich laut mit Blasgeräuschen „aufpumpt". Bei jedem Atemzug saugst du mehr Luft in dich hinein, die „Matratze" wird immer praller und du spannst deinen Körper langsam immer mehr an. Nun öffnet dein/e Freund/in das Ventil und zischt, während du mit einem langen Atemzug die Luft aus der „Matratze" lässt.

Was der Körper sagt

Sich seines eigenen Körpers bewusst zu sein, heißt auch, in sich hineinzuhorchen, seine Emotionen zu spüren und sich zum Beispiel zu fragen: Wie fühlt sich mein Körper an, wenn ich traurig bin oder froh und glücklich, und wo „sitzt" dieses Gefühl? Anders herum sagt Ihnen die Körpersprache Ihres Kindes viel: An seiner Körperhaltung, an Mimik und Gesten können Sie ablesen, wie es gestimmt ist. Wirkt Ihr Kind angespannt oder entspannt, zurückhaltend oder locker und offen, matt und ängstlich oder vor Energie strotzend und mutig auf alles zugehend? Kinder erfahren das Leben zuerst mit ihrem Körper. Anhand ihrer Körperhaltung können Sie erkennen, wie sie sich dem Leben nähern.

Den eigenen Körper wahrnehmen 6

Der Schlüssel für eine entspannte Körperhaltung ist der Atem. Falsches Atmen und Haltungsschäden bedingen sich gegenseitig. Durch häufiges Sitzen, durch Überforderung und Stress verspannen sich die Rücken- und Nackenmuskeln. Mit der Zeit können Kinder dann einen Rundrücken entwickeln, eine chronisch vornüber gebeugte Körperhaltung. Der Atem wird kurz und flach. Umgekehrt bewirken Angst und Stress, dass wir falsch atmen, was wiederum die Muskeln verspannt. Ein Teufelskreis beginnt. Kurzatmigkeit und eine zu flache Atmung führen dazu, dass Organe und Gehirn nicht genügend Sauerstoff erhalten. Das Resultat: Die Kinder sind unkonzentriert, schlapp und gähnen ständig, die Hausaufgaben ziehen sich zäh in die Länge.

Tiefes Atmen entspannt

Deswegen: Um sich zu entspannen, fangen Sie und Ihre Kinder an, bewusst und tief in den Bauch zu atmen. Jeder Atemzug öffnet und dehnt den Brust- und Bauchraum. Erst das Leben engt den Atem ein. Deswegen spielt das Atmen bei vielen Entspannungsarten eine zentrale Rolle. Bewegungen folgen dem Takt des Atems. Erklären Sie Ihren Kindern, warum richtiges Atmen wichtig ist, und atmen Sie einmal ganz bewusst gemeinsam.

Mitmach-Idee für Eltern und Kinder: Atemschritte

Gemeinsam atmen: Legen Sie sich mit dem Rücken flach auf den Boden, winkeln Sie die Beine an und legen Sie die Knie aneinander. Atmen Sie möglichst tief und lang in den Bauch ein und zählen Sie dabei langsam bis vier, machen Sie eine Atempause von zwei Zählschritten, atmen Sie danach aus und zählen Sie bis vier. Für Kinder sind die vier „Atemschritte" realistisch, Sie dagegen können beim Üben bis zu acht erreichen. Sie werden staunen: Die Atemphasen werden mit der Zeit immer länger. Machen Sie die Übung regelmäßig. Integrieren Sie sie in Ihren Alltag, zum Beispiel beim Spazierengehen, beim Schnuppern an frisch gebackenem Kuchen oder einer Rosenblüte.

Als Entspannungstechniken wirken auch Fantasiereisen bei Kindern besonders gut, weil sie mit der regen Vorstellungskraft der Kleinen spielen. Ziel ist es, dass die Kinder durch innere Bilder und Fantasien vom Alltag „abschalten" und sich entspannen.

> *Erschaffen Sie spielerische Gelegenheiten zum gemeinsamen Entspannen und Wohlfühlen. Entdecken Sie die Freude am gemeinsamen Spiel, die Sie in Ihrer Kindheit hatten. ... Nutzen Sie die heilsame Wirkung spezieller Entspannungsmusik. Gemeinsame Entspannungsübungen wirken oft kleine Wunder. Gut geeignet sind auch meditative Bewegungsübungen. Gemeinsam entspannen bringt Menschen einander näher, als man denkt.* – Jörg Schirmer, Ebsdorfergrund, psychologischer Berater, pädagogischer Mitarbeiter Grundschulbetreuung

Fantasiereisen entführen Kinder in kleine Abenteuer und „stricken" die Realität so um, dass die Kinder positive Gefühle entwickeln. Bei kleineren Kindern, im Alter von 4 bis 6 Jahren etwa, bieten sich besonders körperbezogene Entspannungsarten an, bei denen bewusst bestimmte Muskelgruppen im Gesicht, in Armen und Beinen zuerst angespannt und danach gelockert werden. Welche Entspannungsübungen Sie auch wählen: Entscheidend ist, dass Ihr Kind sich wohl dabei fühlt. Am besten lassen Sie sich „anstecken", denn die Konzentration auf die Körperübungen, verbunden mit dem bewussten Atem, lässt auch Sie den Ärger im Büro, den Anruf der Schwiegermutter und einen bevorstehenden unangenehmen Termin schnell vergessen.

Mitmach-Idee für Eltern und Kinder: Katzenkinder

Lassen Sie die Kinder in einem Raum Katzen spielen, also auf allen Vieren leise und wachsam umherstreichen. Wenn Sie (oder ein Kind) eine andere „Katze" sanft berühren, streckt sich diese schnurrend der Hand entgegen. Spielen Sie das Katzenspiel jeden Tag fünf bis zehn Minuten. In der zweiten Woche lernen die „Katzen", einen Buckel zu machen, wenn sie ängstlich oder wütend sind. Regen Sie in der dritten Woche die Kinder dazu an, sich gemütlich zusammenzurollen, wenn sie sich wieder beruhigt haben.

> *Praxistipp: positive Spielzeit. Das Kind sucht eine Beschäftigung aus, die ihm Freude macht, zum Beispiel Ritter sein dürfen, schmusen, vorlesen, im Garten bolzen, massiert werden, Blödsinn machen. Dies wird möglichst oft in der Woche möglichst 30 Minuten lang zusammen gemacht. Es ist wichtig, dass das Kind in der Wahl dieser Spielzeit nicht von den Eltern manipuliert wird nach dem Motto „Lass mich doch lieber vorlesen" oder „Können wir nicht besser ein Kartenspiel spielen?" Das Resultat ist, dass sich das Kind besser angenommen und vom Elternteil geliebt fühlt und somit auch im Laufe der Zeit bereit ist, auf die elterlichen Bedürfnisse einzugehen (aufräumen, etwas lesen, Hausaufgaben machen etc.).* – Marion Dietz, Bonn, ein Sohn (13 Jahre)

Den eigenen Körper wahrnehmen 6

Sich wohlfühlen

Der Weg zur inneren Harmonie besteht aus vielen Mosaiksteinen mit einem festen Platz im Tagesablauf: einer gesunden, ausgewogenen Ernährung, regelmäßiger Bewegung, An- und Entspannung. Gehen Sie dabei mit gutem Beispiel voran, denn die Kinder schauen es sich bei Ihnen ab.
Eine schöne Idee ist es, Kindern zu Hause eine Wohlfühl-Ecke einzurichten. Ziehen Sie zum Beispiel ein gelbes, grünes oder blaues Tuch über einen Reifen und lassen Sie das Ganze wie eine Glocke an langen Bändern von der Decke baumeln. Mit einem kuscheligen Kissen wird es für Ihr Kind zum „Träumzelt". Die Wohlfühl-Ecke sollte nicht mit Spielsachen überladen sein, gedämpftes Licht haben und ruhig gelegen sein. Lädt Ihr Kind Sie zu sich ein, nehmen Sie an. Nun können Sie gemeinsam in der Wohlfühl-Ecke auf Reisen gehen ...

Sie können auch einen riesigen bunten Regenschirm aufspannen, unter dem Ihr Kind seiner Fantasie nachgehen kann. Farben tragen sehr dazu bei, dass sich Kinder wohlfühlen. Die meisten Kinder lieben bei Fantasiereisen ein helles, klares Blau: Es wirkt erfrischend und besänftigend zugleich. Ängstliche Kinder heitert Gelb auf. Große und grelle Flächen in Rot können aufregen. Sie sind für Kinderzimmer nicht geeignet, wohl aber gedämpfte, beruhigende Töne in zartem Gelb, Grün oder Blau.

Sich inspirieren lassen

Ein schönes Hörbuch lässt Kinder in eine andere Welt eintauchen und entspannen. Achten Sie darauf, dass es sich um ein gutes, dem Alter entsprechendes Kinderbuch handelt, gelesen von einer lebendigen, inspirierenden Stimme. Hören Sie sich das Buch mit an, dann können Sie sich später darüber unterhalten. Das Hörbuch ersetzt jedoch nicht, dass Ihre Kinder selbst lesen, und schon gar nicht den Hochgenuss, wenn Sie ihnen vorlesen.

An einem Regentag können Sie mit Ihrem Kind ab dem Kindergartenalter im Fernsehprogramm oder in der Videothek gezielt einen tollen, altersgerechten Film aussuchen, sich daheim gemeinsam auf dem Sofa in eine warme Decke kuscheln und sich unterhalten lassen. Wenn Sie sich die Sendung zusammen anschauen, können Sie anschließend darüber sprechen.

Tägliches und stundenlanges Fernsehen ist nicht ratsam, denn beim Fernsehen können Kinder nicht mitspielen, sich nicht einbringen. Sie sitzen passiv vor dem Gerät. „Fernsehkinder" lernen zu konsumieren, wollen ständig von anderen etwas haben, statt selbst etwas auf die Beine zu stellen.

Das rechte Maß gilt auch für Computerspiele: Hin und wieder ist in Ordnung, auf Dauer dagegen sind sie Ersatz für etwas, das den jungen Menschen in ihrem Alltag fehlt. Sie finden in den Spielen vermeintlich etwas, das ihnen in ihrem abgesicherten, kontrollierten und durchgeplanten Alltag verloren gegangen ist: ein lebendiges Leben. Ein Zuviel an Medienkonsum lässt die Sinne des Lebens verkümmern. Während Hör- und Sehsinn von Lärm, ständiger Berieselung mit Musik, blinkenden Leuchtreklamen und flimmernden Bildern überflutet werden, verkümmern die Körperwahrnehmung, Tasten, Riechen, Schmecken und Balance-Halten.

Mit allen Sinnen erfahren

Ein Kind erobert die Welt mit allen seinen Sinnen; je vielfältiger und komplexer die Eindrücke sind, die über die verschiedenen Sinnesorgane in das Gehirn gelangen, desto besser prägen sie sich ein. Sie hinterlassen tiefe Spuren im Frontal- oder Stirnlappen, der Hirnregion, die das Kind zu der Persönlichkeit werden lässt, die es ist, mit seinen Einstellungen, Handlungen, Gewohnheiten und zum Beispiel seinen Fähigkeiten, sich in andere Menschen hineinzuversetzen.

Wenn die Sonne scheint, ist es warm, Eis ist lecker und kalt, Erdbeeren sind süß und wenn Papa Rasen mäht, ist es so laut, dass sich Mama die Ohren zuhält ... Das muss das Kind alles lernen, Tag für Tag aufs Neue, indem es viele Erfahrungen macht, am besten auf eigene Faust. Schenken Sie Ihrem Kind daher Vertrauen, lassen Sie es das Leben erobern, Probleme bewältigen und aus Fehlern lernen. Das macht stark und starke Kinder werden nicht süchtig. Teilen Sie mit ihm seine Freude über etwas, das es aus eigener Kraft geschafft oder geschaffen hat. Das macht Sie beide glücklich.

Schon mit 10 Monaten wollte unsere Tochter den Löffel beim Essen selber in die Hand nehmen. Die ersten Monate waren mit viel Putzarbeit verbunden. Aber unserer Tochter hat es gutgetan. Sie ist satt geworden und hat erlebt: „Ich kann das." Sätze wie „Das kannst du noch nicht" versuchen wir zu vermeiden. Unsere Tochter probiert aus und entwickelt ihren eigenen Willen. Da ist es in Ordnung, wenn die Mütze verkehrt rum auf dem Kopf sitzt. Wichtig ist, sie hat ihre Mütze alleine angezogen und ist stolz darauf. – Sonja Herrscher, Taunusstein, eine Tochter (2 Jahre)

Den eigenen Körper wahrnehmen 6

Mit der Natur verbunden

Haben Sie einmal beobachtet, wie Ihr Kind den Waldweg entlanggelaufen, staunend vor einem Baumstumpf stehen geblieben und begeistert mit einem großen, schillernden Käfer auf der Handfläche zu Ihnen geeilt ist? Kinder lieben Blumen, Tiere und die Natur. Alles, was grünt und blüht, kreucht und fleucht, fasziniert sie auf eine Weise, wie es kein Spielzeug kann. Kinder spüren eine tiefe emotionale Verbundenheit zu anderen Lebewesen, die ihnen angeboren ist, meint der amerikanische Soziobiologe Edward O. Wilson. Diese sei genetisch festgelegt und bestimme, wie Menschen die Welt wahrnehmen und gestalten.

Kinder spüren instinktiv, dass Pflanzen und Tiere ihnen guttun, und damit liegen sie goldrichtig. In der Natur erfahren Kinder sich selbst als Menschen und als Teil einer lebendigen Welt. Mit allen Sinnen kosten Kinder sie aus. Sie wühlen in der Erde, stapfen durch Pfützen, laufen mit bloßen Füßen durch den Matsch, rupfen Blumen ab, zerreiben Blätter zwischen ihren Händen und wundern sich über die quietschgrüne Farbe.

Alle diese Sinneserfahrungen laufen im Gehirn zusammen, und zwar im Frontal- oder Stirnlappen. Das ist die Hirnregion, die sich zuletzt und am langsamsten entwickelt. Indem Kinder mit allen Sinnen die vielfältige Natur erleben, vermehren sich die Verflechtungen in ihrem Frontalhirn, das im späteren Leben wesentlich das Verhalten, Mitgefühl und Verantwortungsempfinden eines Menschen beeinflusst. Die Natur ist eine lebendige Landschaft, in der sich zeigt, „dass das Große neben dem Kleinen wächst, das Morsche neben dem Vitalen" – so der Neurobiologe Prof. Gerald Hüther. Das ist Lebendigkeit.

Innehalten und Lauschen

Lassen Sie Ihre Kinder die Lebendigkeit der Natur erfahren, es gibt unzählige Möglichkeiten, überall und jeden Tag. Hier einige Anregungen dazu; Sie brauchen dafür nichts zu planen, zu organisieren und sich nicht zu informieren, welche Angebote es gibt. Halten Sie einfach inne und lauschen Sie, seien Sie offen und lassen Sie zu, was kommt. Das ist alles.

Mitmach-Ideen unter freiem Himmel

Ein Nest im Freien
Wildnis ist Freiheit. Wenn Sie einen Garten haben, dann lassen Sie darin stellenweise eine Wiese und Büsche wuchern. Lassen Sie Ihr Kind eine Höhle bauen, sozusagen sein eigenes Nest im Freien. Legen Sie ihm einfache Dinge dafür bereit: Seile, Bretter, Äste. Oder bauen Sie mit Ihrem Kind zusammen ein Baumhaus. Lassen Sie einen Kubikmeter Muttererde als wilde Sandkiste in den Garten kippen. Lassen Sie Ihr Kind nach Herzenslust darin wühlen und sich dreckig machen.

Landleben schnuppern
Wenn Sie keinen Garten haben, suchen Sie ein Stück wilde Natur in Ihrer Umgebung, wo die Kinder tun und lassen können, was sie wollen. Schnuppern Sie Landleben und fahren Sie mit Ihren Kindern übers Wochenende oder in den Ferien auf Bauernhöfe, die ihre Tiere noch auf der Weide haben. Halten Sie beim Spazierengehen bei weidenden Kühen, Schafen oder Pferden an und lassen Sie Ihr Kind die Tiere mit Gras füttern.

Sterne gucken
Unternehmen Sie kleine Abenteuer. Übernachten Sie mal im Schlafsack im eigenen Garten, im Wald oder am Strand und schauen Sie sich die Sternbilder an. Leihen Sie sich ein, zwei Tage ein Kanu oder ein Ruderboot und paddeln Sie auf kleinen Seen oder Flüssen; nehmen Sie Proviant und einen Schlafsack mit und übernachten Sie auf Zeltplätzen.

Unter freiem Himmel speisen
Füllen Sie einen Picknick-Korb und fahren Sie damit in die Natur. Oder gehen Sie nur in den Park um die Ecke. Genießen Sie Würstchen, Butterbrote, Salami und Käse auf einer schönen Decke unter freiem Himmel.

Den eigenen Körper wahrnehmen 6

Kindliche Kunst

Bevor Sie einen Spaziergang mit Ihrem Kind unternehmen, zeichnen Sie den Weg grob auf ein Blatt Papier und nehmen Sie es mit. Nun lassen Sie Ihren Sprössling unterwegs die Dinge, die es sieht und erlebt, eintragen, malen oder als Fundstücke aufkleben. Lassen Sie Ihre Kinder in der Natur sammeln: kleine Steine, Schneckenhäuschen, Stöcke, mit Flechten überzogene Äste ... Suchen Sie zu Hause für die Schätze eine Kiste heraus oder eine Schüssel. Trocknen und pressen Sie Pflanzen zwischen Lösch- oder Zeitungspapier unter einem Stapel dicker Bücher; kleben Sie diese danach in ein selbst gefertigtes Buch aus dicker Zeichenpappe.

Kleine Wunder

Bewundern Sie mit Ihren Kindern jedes noch so kleine Lebewesen: Käfer, Wanzen, Spinnen, Blattläuse, Regenwürmer ... Sie haben, so winzig sie sind, alles, was sie zum Leben brauchen: Augen, Antennen, Mundwerkzeuge, innere Organe, ein Herz und Blut. Überwinden Sie Ihre Scheu, sollten Sie welche haben, und beginnen auch Sie zu staunen. Die amerikanische Biologin und Schriftstellerin Rachel Carson, deren Hauptwerk „Der stumme Frühling" die US-amerikanische Umweltbewegung beeinflusste, schrieb:

> „Mit Ihrem Kind die Natur zu erkunden, bedeutet hauptsächlich, für alles in der Umgebung empfänglich zu sein. Es heißt, seine Augen wieder gebrauchen zu lernen ... Der Nachthimmel lässt sich mit einem Kind teilen, auch wenn Sie keinen einzigen Stern kennen."

Voll motiviert?!

Was hat Motivation mit Konzentration zu tun?

Motivation spielt eine entscheidende Rolle, wenn wir unsere Kinder bei der Freude am Entdecken und der angeborenen Lust am Lernen unterstützen wollen. Am besten ist es, wenn diese Motivation aus dem Kind selbst heraus kommt. Doch woran liegt es, dass Kinder manchmal ganz „bei der Sache" und ein anderes Mal kaum zum Erledigen der Hausaufgaben zu bewegen sind?

Konzentration ist eine wichtige Voraussetzung für das Lernen. Die Konzentrationsfähigkeit ist jedoch nicht immer gleich hoch; sie lässt mit der Zeit nach. Das ist ganz normal – und es geht uns allen so. Motivation ist – ähnlich wie bei einem Automotor – eine Art Antrieb, um sich konzentrieren zu können. Wenn Kinder motiviert an das Erledigen von Aufgaben herangehen, können sie sich besser und auch länger konzentrieren. Aber wie können Eltern ihre Kinder begleiten, damit diese die ihnen eigene Motivation beibehalten und weiterentwickeln?

Gefühle, Motivation und Lernen

Die Gefühlswelt ist bei der Geburt der Kinder noch nicht sehr weit entwickelt. Sie haben im Bauch der Mutter zwar schon einige Gefühle wahrgenommen, müssen diese aber erst mit ihrer Umwelt in Verbindung bringen. Kinder lernen das Fühlen und das Ausdrücken dieser Gefühle also erst nach und nach mit dem Heranwachsen und dem Kontakt mit der Umwelt, vor allem mit ihren Eltern. So besteht von Anfang an ein enger Zusammenhang zwischen den Gefühlen und dem Lernen. Beides ist untrennbar miteinander verknüpft, und Eltern können diese Verknüpfung unterstützen.

Die Lust am Entdecken und Gestalten ist angeboren. Das gilt es, beim Heranwachsen – und auch im Erwachsenenalter – beizubehalten. Unterstützen Sie also Ihr Kind beim „Fühlen-Lernen" durch Entdecken und Ausprobieren. Lernt ein Kind von Anfang an, auf positive Art und Weise Aufgaben zu lösen und sich dabei sicher zu fühlen, entwickelt es Selbstvertrauen und Zuversicht. Diese Eigenschaften sind wichtig, um auch später in der Schule motiviert und konzentriert an das Lösen von Aufgaben herangehen zu können. Außerdem stärken Sie auf diese Weise das eigenständige Lernen Ihres Kindes.

Was sagt die Hirnforschung?

Gefühle spielen bei allen wesentlichen Prozessen des Gehirns eine Rolle. Denken und somit auch Lernen sind ohne Gefühle gar nicht möglich. Wir alle lernen durch unsere Wahrnehmung. Das geschieht über die Sinne: Wenn wir sehen, hören, tasten, riechen oder schmecken, werden die entsprechenden Reize über die Nervenzellen an das Gehirn weitergeleitet. Das löst in uns allen bestimmte Gefühle aus. Sind sie positiv, haben wir Lust und sind motiviert, etwas zu lernen; wir sind bereit, uns Dinge zu merken.

Gefühle bestimmen nicht nur unser spontanes Handeln. Wir lernen einfach besser, wenn wir lachen und es uns gut geht. Interessante Dinge begreifen wir leichter und besser, langweilige Aufgaben dagegen fallen uns schwer; sie bleiben auch schwerer im Gedächtnis haften. Vielleicht ist Ihnen schon aufgefallen, dass Ihr Kind zum Beispiel sämtliche Dinosaurierarten kennt, ohne dass es sie extra auswendig lernen musste – einfach, weil es sich dafür begeistert und gerne mit den Dinosaurierfiguren spielt.

Was bedeutet Motivation für das Lernen?

Konkretes und anschauliches Lernen macht Spaß. Wenn ein Kind von vornherein begreift, worum es geht, ist die Motivation groß, die Aufgabe auch zu lösen. Fragen Sie Ihr Kind daher, ob es verstanden hat, was für eine Aufgabe erledigt werden soll. Am besten ist, wenn es die Möglichkeit hat, das zu Lernende mit den Sinnen zu erfahren. Aufgaben werden „begreifbar". Dann ist die Chance groß, dass Motivation und Konzentration erhalten bleiben; auch über einen längeren Zeitraum. Das passiert, wenn zum Lösen von Aufgaben gleich mehrere Sinne angesprochen werden.

Soll Ihr Kind beispielsweise den Aufbau des menschlichen Körpers anhand eines Arbeitsblattes lernen, können Sie sich Ergänzungen einfallen lassen, die das Merken erleichtern: zum Beispiel eine Puppe aus dem Kinderzimmer, damit neben dem Auge und dem Ohr auch der Tastsinn angesprochen wird.

Wenn Tiere oder Pflanzenkunde auf dem Plan stehen, kann als Wochenendausflug ein ergänzender Besuch im Zoo oder im Park eine wichtige Erfahrung sein. Vielleicht hat Ihr Kind ja auch selbst Ideen, was es zum Lernen noch brauchen kann …

Trotz massiver Lernprobleme ist Nils immer zum Üben bereit, wobei er fast immer meine Hilfe braucht. Das ist schwer – für uns beide. Ich habe gelernt, ihn zu motivieren, indem ich ihm auch die „Schlachtrufe" der Wilden Kerle immer wieder ins Gedächtnis gerufen habe. „Alles wird gut, solange du wild bist!" Es ist immer wieder eine Kunst, positive Aspekte zu finden, um weiterzumachen. Manchmal muss er auch alleine durch, um den Erfolg auch für sich allein zu schätzen.
– Nadine Lauenstein, Kirchberg, zwei Söhne (11 und 8 Jahre)

Konzentration und Lernumgebung

Was können Sie tun, um die Zeit der Konzentration bei Ihrem Kind möglichst lange zu erhalten? Die richtige Lernumgebung kann helfen. Grundsätzlich gilt: Die Lernumgebung sollte möglichst reizarm sein. Dabei ist nicht entscheidend, ob das Kind am eigenen Schreibtisch oder am Küchentisch sitzt. Er sollte jedoch nicht vollgepackt sein mit Dingen, die Ihr Kind leicht ablenken.

Sitzt das Kind gut? Bei einer ungünstigen oder unbequemen Sitzposition nützen selbst die beste Motivation und die höchste Konzentration wenig. Für manche Kinder ist eine bewegliche Sitzposition sinnvoll, um länger sitzen bleiben zu können.

Der Fernseher bleibt während der Hausaufgaben unbedingt aus. Manche Kinder können mit leiser Musik im Hintergrund lernen. Bedenken Sie aber, dass das nicht zur Gewohnheit werden sollte, denn bei der Klassenarbeit gibt es keine Hintergrundmusik. Auch spontanes Handyklingeln oder SMS-Töne können leicht zu einer „Ablenkungsfalle" werden. Haben Sie den Mut, das Telefon für diese Zeit wenigstens lautlos zu stellen.

Ach so! – Hausaufgabenhilfe

Braucht ihr Kind regelmäßig Unterstützung bei den Hausaufgaben? Dann sollten Sie überlegen, wer für Nachhilfestunden infrage kommt. Engagieren sich Eltern oder Geschwister als Nachhilfelehrer, sind Konfliktsituationen vorprogrammiert. Kinder tun sich meist leichter, Hilfestellung und Lerntipps „von außen" anzunehmen, zum Beispiel von älteren Nachbarskindern oder Schülern einer höheren Klassenstufe an derselben Schule.

Die Bedeutung der Pausen für das Gehirn

Jedes Gehirn braucht Ruhephasen. Wenn Sie feststellen, dass die Konzentration Ihres Kindes nachlässt, kann es sinnvoller sein, Pausen einzulegen, als mit Zwang und Drohungen die Aufgaben zu Ende zu bringen. Das kostet lediglich Kraft und Nerven.

Fernseher und Computerspiele bedeuten keine Pausen für das Gehirn. Dabei strömen intensive Reize auf Ihr Kind ein; bei Computerspielen sind oft Reaktions- und Koordinationsvermögen gefragt. Auf diese Weise kann sich das Gehirn nicht ausruhen. Im Anschluss an das Fernsehen oder das Spielen am Bildschirm kann sich ein Kind nicht gleich wieder auf eine neue Aufgabe konzentrieren. Im Gegenteil: Es kann sogar passieren, dass dadurch das vorher Gelernte eher wieder vergessen wird.

Finden Sie heraus, welche Pausen für Ihr Kind gut und effektiv sind. Manche Kinder brauchen mehr Bewegung und wenige kleine Pausen, andere Kinder dagegen entspannen besser mit Musik. Machen Sie Ihrem Kind immer deutlich, wann eine Lern- und wann eine Ausruhphase stattfindet. So kann es mit der Zeit selbst herausfinden, wann es gut lernen kann und wann eine Pause sinnvoll ist.

Schlaf – die Ruhe nach und vor dem Sturm

Wichtig ist neben den Pausen, dass Ihr Kind nachts ausreichend Schlaf bekommt. Das Gehirn schläft selbst nicht, sondern „nutzt" die Zeit: Durch das Träumen werden die am Tag erlebten Dinge dem bisher Erfahrenen zugeordnet. Außerdem „tankt" das Gehirn in der Schlafphase richtig auf: Nur, wer ausreichend schläft, kann sich auch gut konzentrieren und hat Ausdauer.

Kinder brauchen unterschiedlich viel Schlaf. Finden Sie heraus, mit wie viel Schlaf Ihr Kind richtig ausgeruht ist. Gern darf das Wochenende auch mal nur zum Schlafen und Ausruhen genutzt werden. Das sorgt für Entspannung und tut allen in der Familie gut.

Woran erkenne ich, dass mein Kind motiviert ist?

Alle Kinder sind kleine Forscher: Sie schauen sich neugierig um, betrachten viele Dinge ganz genau. Sie benennen, was sie sehen, stellen Überlegungen und Vergleiche an: „Ich bin älter als meine Freundin" oder „Der Hund rennt ja fast so schnell wie ein Pferd". Dann probieren die Kinder vielleicht selbst aus, wie schnell sie rennen können, und vergleichen das dann wieder mit den Tieren.

Achten Sie im Alltag darauf, wann Ihr Kind neugierig ist, und versuchen Sie, diese Neugier aufzufangen. So nutzen Sie das Interesse Ihres Kindes und motivieren es gleichzeitig, sich mit den Dingen auseinanderzusetzen. Auf die Aussage „Ich bin älter als meine Freundin" können beispielsweise Informationen zu unterschiedlichem Alter, zu den Monaten und Jahreszahlen oder -zeiten folgen. Durch diesen Satz signalisiert Ihr Kind, dass es Interesse hat, etwas über Altersunterschiede zu erfahren. Ermuntern Sie also Ihr Kind, am Thema dranzubleiben und es logisch „weiterzuspinnen" – so lernt Ihr Kind Ausdauer beim Denken.

Motivation erzeugen und Ausdauer fördern – das gelingt auch, wenn Sie positive Emotionen Ihres Kindes wecken. Gefühle steuern die Aufmerksamkeit – sind es angenehme Gefühle, verstärken sie den Grad der Aufmerksamkeit noch. Was bringt Ihr Kind zum Staunen? Wofür kann es sich begeistern? Wissen und Informationen, die in Geschichten verpackt sind, lösen Gefühle in Ihrem Kind aus.

Signale verstehen und aufgreifen

Es gibt verschiedene Anzeichen, die signalisieren, dass Ihr Kind motiviert ist. Vielleicht zeigt es einen bestimmten Gesichtsausdruck, setzt sich von alleine an den Tisch oder holt selbst ein Buch oder einen anderen Gegenstand hervor. Nehmen Sie sich die Zeit, auf diese Ideen einzugehen, und fördern Sie so die Motivation. Loben Sie ihr Kind für die Fragen, die es stellt.

Manchen Kindern ist weniger deutlich anzumerken, ob sie motiviert sind. Vielleicht ist ihr Kind ein eher ruhiger Charakter, wenn es um das Fragenstellen geht? Motivation kann dann zum Beispiel durch einfache Spiele gelingen.

„Ich sehe was, was du nicht siehst, und das ist ..." oder „Rate mal, an wen ich denke. Er (oder sie) hat rote Haare ..." können freundliche Aufforderungen sein, die Motivation wecken.

Loben wirkt Wunder

Wir alle hören gerne ein Lob, denn es gibt uns Bestätigung und Selbstvertrauen. Unseren Kindern geht es nicht anders. Loben löst positive Gefühle aus. Die Kinder fühlen sich in ihrem Tun bestätigt. Dabei sollte das Lob ehrlich sein. Kinder merken schnell, wenn es aufgesetzt oder nicht ernst gemeint ist.

Lob ist das beste Mittel. Geschenkversprechungen sind in der heutigen Zeit, wo die Kinder sowieso schon zu viel haben, nicht sehr effektiv. Worte wie: „Ich bin stolz auf dich!" sind weitaus wichtiger für die Kinderseele. – Anette Fitzner, Krefeld, ein Sohn (8 Jahre)

Gerade dann, wenn die Konzentration nachlässt, kann ein „Das machst du aber gut!" oder „Da bist du jetzt aber schon weit gekommen!" wahre Wunder bewirken. Sie können so die Konzentration wieder ankurbeln. Durch Loben spornen Sie Ihr Kind an, auch anstrengende Aufgaben zu erledigen. Weisen Sie es auch darauf hin, dass die Aufgabe bald erledigt sein wird, und loben Sie erst recht, wenn Ihr Kind es dann – allen Schwierigkeiten zum Trotz – geschafft hat!

Mitmach-Idee für Eltern: Loben? Ja bitte!

Jeder Mensch freut sich über Wertschätzung: ein Lob für eine gelungene Idee, eine gute Leistung, eine sinnvolle Entscheidung oder eine sympathische Eigenschaft. Beobachten Sie sich einmal selbst, wie oft und mit welchen Aussagen Sie Ihr Kind loben. Das lässt sich nämlich trainieren. Und das Schöne daran ist: Ihr Kind freut sich über jedes ernst gemeinte Lob.

Konzentrationsschwierigkeiten – was steckt dahinter?

Manchmal hat das Gehirn einfach „keine Lust" und kann sich nicht konzentrieren. Dafür gibt es vielfältige Ursachen. Hektik, Druck, Störungen und Schlafmangel gehören dazu. Sie sind richtige „Konzentrationskiller". Unterstützen Sie Ihr Kind, indem Sie ihm einen geeigneten Platz zum Lernen geben. Lassen Sie Ihrem Kind Zeit beim Lösen von Aufgaben und planen Sie Ihre Termine insgesamt etwas großzügiger, wenn Sie merken, dass Ihr Kind unter Zeitdruck gerät.

Genauso, wie positive Gefühle zum Lernen anregen, führen negative zu Lernblockaden. Angst und Verunsicherung bedingen schlechtere Lernergebnisse. Selbstvertrauen und Zuversicht können sich so nicht ausbilden – dabei sind sie eine wichtige Grundlage für eigenständiges, erfolgreiches Lernen.

Ich versuche, über das, was mein Sohn schon kann, Motivation zu schaffen. Kleine Erfolge sollten unbedingt „ganz groß" gemacht werden, sodass nicht das unerreichbare Ziel ganz groß ist. – Christina Eufinger, Darmstadt, ein Sohn (5 Jahre)

Zu Konzentrationsschwierigkeiten kann es kommen, wenn …

… Eltern, Lehrkräfte, andere Kinder oder Bezugspersonen unzufrieden auf die Lernaktivitäten des Kindes reagieren. Hat Ihr Kind eine Aufgabe bearbeitet, loben Sie es dafür: „Bis hierhin hast du ja schon gut gerechnet!" Machen Sie erst danach vorsichtig Verbesserungsvorschläge.

… das Kind kaum Wertschätzung und Würdigung bei erledigten Aufgaben erfährt, zum Beispiel, weil die Eltern keine Zeit haben, sich ein bearbeitetes Arbeitsblatt anzuschauen. Schenken Sie Ihrem Kind Aufmerksamkeit und beachten Sie seine „Werke". Wertschätzung im Alltag ist unschätzbar wichtig.

… das Kind durch zu viele Vorschriften im eigenen Ausprobieren eingeschränkt wird. Versuchen Sie, dem Kind Gestaltungsfreiräume zu lassen, indem es beispielsweise die Reihenfolge der zu erledigenden Hausaufgaben selbst bestimmen oder ergänzende Ideen entwickeln darf.

… beim Lösen von Aufgaben und Problemen der Alltag zu wenig Zeit zum eigenen Ausprobieren lässt. Und bei den Nachmittagsaktivitäten Ihres Kindes achten Sie am besten auf ein gesundes Maß. Es sollte immer noch ausreichend Zeit für das Lernen, für freies Spielen und für Ruhephasen bleiben.

Unsere Tochter fühlt, dass wir sie lieben, auch wenn mal was schiefgeht oder unangenehm ist. Dass wir ihre Mühe und Anstrengung sehen, es richtig zu machen, und nicht ständig übermäßige Forderungen nach Perfektionismus stellen. Die Wertschätzung anderer motiviert sie. – Lucie Kanis, München, eine Tochter (8 Jahre)

Leider fallen Konzentrationsschwierigkeiten erst auf, wenn es bereits konkrete Probleme in Schulfächern oder beim Erledigen der Hausaufgaben gibt. Sie werden dann für alle oft zur Qual. Auch wenn Sie dabei gute Nerven brauchen: Versuchen Sie trotzdem, Verständnis aufzubringen. Ihr Kind fühlt sich in Streit- und Stresssituationen auch nicht wohl.

Voll motiviert?! 7

Konzentration lässt sich nicht herbeizaubern. Sie muss oft mühsam erarbeitet werden und das fordert Ihrem Kind – aber auch Ihnen – vor allem Geduld ab. Haben Sie den Mut, kleine Schritte zu gehen, und achten Sie auf jedes noch so kleine Erfolgserlebnis Ihres Kindes. Loben Sie es für jeden nicht gemachten Fehler und erst recht für die richtig gelösten Aufgaben.

> *Die Belohnungsstrategie mit Sternchen an einer Schiefertafel, die bei uns im Hausflur hängt, klappt gut. Wenn ein Kind bei uns etwas Besonderes getan hat, darf es sich einen Stern auf die Tafel malen. Wichtig ist, dass es dabei nicht darum geht, es besonders „gut" getan zu haben, sondern um die Anstrengung und Mühe. Bei drei Sternen gibt es von uns Eltern eine kleine „Überraschung" wie eine Muschel, einen schönen Radiergummi, einen Glücksstein für den Setzkasten, Aufkleber etc.* – Isabelle Auerbach, München, zwei Töchter (9 und 7 Jahre)

Tipps für den Alltag:

- Es gibt Arbeitshefte zur Konzentrationsförderung. Gehen Sie mit Ihrem Kind in die Buchhandlung und lassen Sie es selbst ein Heft aussuchen. Dann wird es motiviert sein, darin zu lernen. Es kommt nicht darauf an, alle Aufgaben der Reihe nach korrekt zu lösen. Die Hauptsache ist, dass sich Ihr Kind mit Spaß an der Sache beteiligt.
- Machen Sie mit Ihrem Kind „Gehirnjogging". Die Autofahrt zum Einkaufen oder das Warten beim Kinderarzt können Sie gut nutzen, um Lieder zu lernen oder Zahlenreihen aufzusagen – spielerisch, mit Spaß.
- Überlegen Sie, wo in Ihrer Wohnung Platz für die Bilder und Bastelarbeiten Ihres Kindes ist. Eine kleine private Ausstellung würdigt die Werke Ihres Kindes, macht es stolz und stärkt sein Selbstvertrauen.
- Schauen Sie sich von Zeit zu Zeit das Zimmer Ihres Kindes an. Ist ausreichend Platz für freies Spielen? Sind Spielsachen vorhanden, die zum Ausprobieren anregen, zum Beispiel Bauklötze, Verkleidungskiste, Bastelsachen oder Malutensilien? Gibt es Ruhemöglichkeiten? Das muss nicht das Bett sein – eine gemütliche Kuschelecke haben alle Kinder gern.

> *Beim Thema Motivation braucht jedes Kind unterschiedlich viel Unterstützung! Bei Emilia reicht ein „Los, trau dich, du schaffst das!". Bei Lucca braucht man eine riesengroße Portion Geduld. Druck nützt gar nichts, dafür Verständnis und Überzeugungskunst! Wir haben da unseren eigenen Motivationsspruch: „Kann ich, mach ich, schaff ich!"* – Nicole Pagagno, Kuppenheim, ein Sohn (7 Jahre), eine Tochter (3 Jahre)

Zuversichtlich in die Welt hinaus

Vor allem die ersten Lebensjahre sind prägend, ob und wie Kinder ihre Schritte in das Leben gehen. Am besten ist es, wenn Ihre Kinder voller Vertrauen darauf aufwachsen, dass Sie sie so lieben, wie sie sind. Fühlen sie sich emotional geborgen, machen sie positive Erfahrungen mit ihrem eigenen Können und den Menschen, die ihnen nahestehen, entwickeln sich Kinder prächtig.

Chaos im Kopf

Stress ist besonders für das kindliche Gehirn verhängnisvoll. Mit großer Lust probieren Kinder Neues aus, lernen Tag für Tag etwas dazu, vorausgesetzt, es geht ihnen gut. Kinder sind umso neugieriger, je sicherer sie sich fühlen, je größer ihr Vertrauen in sich und die Welt ist. Haben Kinder Angst, Stress oder Druck, breitet sich Unruhe in den Hirnzellen aus. Das Resultat: Die Kinder lernen nichts Neues. Sie können aber nichts dafür. Denn die gestressten Nervenzellen sind gar nicht in der Lage, neue Eindrücke mit gespeicherten „Erinnerungsbildern" zu vergleichen. Ist das Chaos im Kopf groß, scheinen Kinder sogar bereits Erlerntes vergessen zu haben.

Was dann noch funktioniert, sind alte Verhaltensmuster, die im Stammhirn gespeichert sind: Flucht, Kampf oder, wenn kein Ausweg in Sicht ist, Sich-tot-Stellen, wie man diese Reflexe im Tierreich nennt. Die Kinder wollen nichts mehr hören und sehen, schreien und schlagen um sich oder verkriechen sich. Sie fühlen sich ängstlich und ohnmächtig, verlieren das Vertrauen in die Welt, ziehen sich immer mehr in sich zurück.

Zuversichtlich in die Welt hinaus

Schutz und Alarm

Stress beginnt immer mit Angst. Angst an sich ist völlig normal. Jeder Mensch kennt dieses Gefühl, es begleitet uns das ganze Leben. Einerseits schützt es uns, lässt uns achtsam sein, auf der anderen Seite sorgt es dafür, dass wir uns entwickeln. Urängste warnen uns, wenn wir Leib oder Seele in Gefahr glauben. Dabei können äußere Bedrohungen, aber auch Verluste und Trennungen ebenso eine Rolle spielen wie eigene Gedanken und Vorstellungen.
Daneben gibt es die entwicklungsbedingten Ängste, für die wir – als Kinder und als Erwachsene – im Leben immer eine Portion Mut brauchen, zum Beispiel, wenn wir loslassen, Abschied nehmen und uns in eine neue, noch unbekannte Zukunft wagen. Doch nur, wenn wir unsere Angst überwinden, entwickeln wir uns weiter.

Babys haben im Alter zwischen 6 und 24 Monaten große Angst vor Trennung und Fremdsein. Der Säugling streckt seine Ärmchen nach seiner Mutter aus; er sucht Halt und Geborgenheit. Ein paar Monate später unterscheidet das Baby zwischen vertrauten und fremden Menschen und drückt dies auch deutlich aus. Dieses Verhalten bezeichnet man als „Fremdeln".

Eine sichere „Burg"

Begegnen fremde Personen Kindern dieses Alters, sind die Kleinen zwar neugierig, aber auch innerlich gespannt und „alarmiert". Jetzt liegt es ganz an Ihnen, ob Ihr Kind seinem Interesse oder seiner Angst nachgibt. Lassen Sie Ihr Kind am besten selbst bestimmen, wie nah die neue Person kommen darf und auch, wie schnell das geschieht. Respektieren Sie die Grenzen Ihres Kindes und zwingen Sie es nicht zu einem Küsschen und Händchengeben. Bleiben Sie als sichere „Burg" dabei, wenn Ihre Kinder neuen Menschen begegnen, neue Situationen oder Gegenden erleben.

Immer mehr erobern Kleinkinder die Welt, krabbeln in der Wohnung umher, schwanken auf wackeligen Beinen um die Ecken und wieseln schließlich so schnell davon, dass man kaum hinterherkommt. Alles ist spannend, macht aber auch Angst. Nicht alles klappt so, wie es sich die kleinen Helden wünschen. Mit etwa 1½ Jahren erschrecken sie vor dem eigenen Mut und weichen nicht mehr von der Seite ihrer Lieben. Das ist vollkommen in Ordnung. Es ist, als müssten die Kleinen erst einmal Wärme und Geborgenheit auftanken, bevor sie die nächsten Eroberungen unternehmen. Lassen Sie Ihrem Kind seine Zeit. Lassen Sie es frei entscheiden, wann es seine sichere „Burg" wieder verlassen will.

Urvertrauen

Im Alter von 3 Jahren sind Kinder hin- und hergerissen: Einerseits haben Sie den Drang, in die große, bunte Welt hinauszuschwärmen; gleichzeitig sehnen sie sich nach der Nähe und Wärme vertrauter Menschen. Sie merken, dass sie nicht alles können, was sie können möchten, und dass sie abhängig sind von Mutter, Vater und anderen Menschen. Das macht sie ärgerlich und traurig zugleich. Sie erleben ihre Mutter als gut und böse – das ist neu. Spätestens in dieser Zeit haben die Kinder ein Urvertrauen entwickelt, ein tiefes inneres Wissen darüber, dass die Mutter und die Welt nicht verloren sind, auch wenn einem nicht alle Wünsche erfüllt werden. Ein Meilenstein für die Kinderseele.

Im Alltag müssen sich die Kinder immer wieder trennen: von Mutter und Vater, die zur Arbeit gehen; vom geliebten Spiel, wenn zum Essen gerufen wird oder wenn der Abend anbricht und damit die Schlafenszeit beginnt. Kuscheltiere trösten über diese kleinen und großen Abschiede hinweg, weiche Tücher oder Schmusekissen mit Fantasienamen. Es sind Symbole einer sicheren und vertrauten Beziehung. Kleine und große Trennungen sind ein Leben lang Ereignisse, vor denen Kinder und Erwachsene Angst haben. Wie sie diese Ängste im späteren Leben meistern, hängt zu einem großen Teil davon ab, ob und wie sie in frühen Jahren lernen, damit aus eigener Kraft und kreativ umzugehen.

Lass mich nicht allein!

Abschiede begleiten uns von Geburt an. Es ist gesund für unsere Seele, wenn wir gelernt haben, Abschied nehmen zu können. Der Grundstein dafür wird in der Kindheit gelegt. Stehen Sie Ihren Kindern daher hilfreich zur Seite. Gerade in den ersten Lebensjahren können Trennungsängste ausgelöst werden, wenn die Mutter oder die wichtigste Bezugsperson längere Zeit weg ist. Bis zum 4. Lebensjahr können die Kleinen nur kurze Zeit die inneren Bilder des liebsten Menschen, der nun weg ist, aufrechterhalten. Bereits nach mehreren Tagen verblassen die Bilder; die Kinder fühlen sich im Stich gelassen.

Jedes Kind ist anders. Verlassen Sie sich am besten auf Ihr Bauchgefühl: Es sagt Ihnen am besten, wie Sie Ihr Kind in den ersten Lebensjahren auf einen vorübergehenden Abschied vorbereiten. Hier einige Anregungen:

Zuversichtlich in die Welt hinaus

- Seien Sie in den ersten Wochen und Monaten immer für Ihr Kind da. Pflegen Sie gemeinsame Zeiten im Alltag. Dabei ist es nicht wichtig, möglichst viele Stunden miteinander zu verbringen, sondern die Zeit intensiv zu nutzen.
- Sorgen Sie dafür, dass Ihr Kind auch zu anderen Menschen eine enge Beziehung hat; so haben Sie ein verlässliches Betreuungsnetz für Zeiten, in denen Sie – ob erwartet oder unerwartet – nicht für Ihr Kind da sein können.
- Üben Sie Trennungssituationen mit Ritualen ein, etwa zum Abschied 3 Küsschen auf die linke Wange und beim Wiedersehen 3 auf die rechte.
- Regen Sie Ihr Kind an, die Welt zu erkunden – ohne es zu fordern –, und lassen Sie es Dinge allein machen, selbst wenn das etwas länger dauert.

Auch Ihre eigenen Gefühle spielen eine große Rolle. Kinder haben einen „7. Sinn": Sie spüren, wenn Sie ängstlich und misstrauisch sind. Bauen Sie zu anderen Eltern und Erziehern in Betreuungseinrichtungen ein Vertrauensverhältnis auf. Ihr Kind merkt, wenn Sie innerlich sicher sind, und kann seine Ängste eher überwinden.

> *Halt dich gut fest!" ... ist besser als: „Pass auf, du fällst sonst!" Das Verbieten geschieht oft nur durch Angst der Erwachsenen. Hierbei wird Angst vermittelt, dass das Kind zu klein, schwach oder unfähig ist. Das Kind erfährt Misstrauen! „Halt dich gut fest!" oder „Pass gut auf!" vermitteln gleichzeitig, dass das Kind es schaffen kann, dass es fähig ist und stark. Und dass ihm Vertrauen entgegengebracht wird.* – Karla Wegner, Leipzig, Mutter von vier heute erwachsenen Kindern

Schlafenszeit

Das Ende eines langen Tages ist auch ein Abschied für das Kind. Es taucht nicht nur in die gemütlichen Federkissen ein, sondern auch in die Nacht und die Dunkelheit. Nach dem Gute-Nacht-Kuss ist es allein. Viele Kinder haben davor Angst. Deshalb: Geleiten Sie Ihr Kind liebevoll und konsequent in den Schlaf hinein. Schaffen Sie klare Regeln für den Abend: kein wildes Herumtoben mehr. Seien Sie dabei, wenn Ihr Kind Abendbrot isst. Sprechen Sie mit ihm über den Tag und betonen Sie die Dinge, die ihm gut gelungen sind. Danach sind Zähneputzen und Ins-Bett-Gehen angesagt. Seien Sie versöhnlich und nicht zu streng, dabei aber klar und entschieden, und lassen Sie sich nicht auf noch eine Geschichte und noch einen Tee ein. Das ist ein Spagat, aber nur so nimmt Ihr Kind Sie ernst; spürt, dass Sie sicher sind, und lässt sich entspannter auf die Nacht ein.

Im Bett dürfen die geliebten Kuscheltiere, Puppen oder Schmusebären nicht fehlen, die dem Kind zur Seite stehen, wenn es dunkel wird. Es sind die kleinen, lieb gewonnenen Freunde Ihrer Kinder, die so manches Geheimnis kennen und so manche Träne versiegen lassen.

Setzen Sie sich auf die Bettkante und erzählen Sie Ihrem Kind eine kurze Geschichte oder lesen Sie ihm etwas vor. Wenn es sich im Dunkeln fürchtet, lassen Sie eine kleine Lampe an oder die Tür einen Spalt weit offen, wenn Sie aus dem Kinderzimmer gehen. So erhellt noch ein wenig Licht die Kindernacht, zugleich dringen Ihre beruhigenden Stimmen oder andere vertraute Geräusche an das Ohr Ihres Kindes und lullen es in den Schlaf. Viele Kinder schlafen mit den Melodien von Spieluhren ein.

Böse Träume

Auch wenn Sie Ihr Kind sanft in den Schlaf begleitet haben, kommt es vor, dass es plötzlich mit schreckgeweiteten Augen in Ihrem Schlafzimmer auftaucht und sagt: „Ich hab was Schlimmes geträumt ..." Träume sind grundsätzlich gut, um die Erlebnisse des Tages zu verarbeiten. Diese können ebenso bedrohliche Träume auslösen wie Filme oder aufregende Geschichten, Nachtgeräusche, Schnupfen, Bauchweh oder eine Verletzung. Solche Träume hängen mit der kindlichen Entwicklung zusammen und gehören bis zu einem gewissen Maß in jedes Kinderleben. Häufig werden Kinder in solchen Träumen verfolgt, sie fallen oder verlieren etwas.

Doch wie können Sie vorbeugen, damit Ihr Kind möglichst selten böse Träume hat? Seien Sie achtsam mit Fernsehsendungen, vor allem am Abend. Ermöglichen Sie Ihrem Kind, tagsüber mit Ihnen über belastende oder aufregende Erlebnisse zu sprechen, seinen Gedanken und Gefühlen dazu freien Lauf zu lassen. Bitten Sie Ihr Kind, Ihnen seinen Traum zu erzählen, dabei wird es gewahr, dass es „nur" ein Traum gewesen ist. Denn kleine Kinder können noch nicht richtig zwischen Träumen und wirklichem Leben unterscheiden. Hatte es nachts einen bösen Traum, lassen Sie Ihr Kind ruhig in Ihr Bett schlüpfen – solange klar ist, dass es dort nur Gast ist. Sehr hilfreich ist es, wenn Kinder ihre ängstigenden Träume malen oder aufschreiben.

Zuversichtlich in die Welt hinaus 8

Mitmach-Ideen für Kinder: Traumtagebuch oder Traumfänger

Ein Trick, mit deinen Träumen besser umzugehen, ist ein Traumtagebuch. Du kannst darin deine Träume malen oder aufschreiben. Dann sind sie in dem Buch gefangen und können nicht mehr in deinen Kopf klettern.
Oder bastle dir einen Traumfänger, stelle ihn neben dein Bett oder hänge ihn an die Decke. Du kannst Holz nehmen und mit buntem Papier und Federn bekleben, oder einen Holzring schmücken. Lass deiner Fantasie freien Lauf.

Mutig in die Welt hinaus

Viele Kinder reagieren zunächst mit Scheu, wenn die Kindergartenzeit ansteht, vor allem, wenn sie bereits von Natur aus schüchtern sind. Das sind Kinder, die sich zum Beispiel auf dem Spielplatz von anderen Kindern fernhalten, vor anderen keinen Vers aufsagen oder kein Lied singen möchten, sich nicht in die neue Spielgruppe trauen oder davor zurückscheuen, einen fremden Menschen etwas zu fragen. Die meisten Kinder schaffen es selbst, durch Erfolgserlebnisse mutiger zu werden, andere brauchen die einfühlsame Hilfe ihrer Eltern. Denn jeder Schritt in das Leben hinaus, in die Spielgruppe, den Kindergarten und schließlich die Schule, bedeutet Abschied und Neubeginn.

Ach so! – Forsch und ungestüm

Manchmal verbergen Kinder ihre Angst hinter forschem und ungestümem Verhalten. Sie spüren nicht die Grenzen der anderen, stürzen sofort auf sie zu, öffnen sich gleich jedem und bieten sich als Spielgefährte an. Sie brauchen eine emotional stabile und sichere Beziehung zu einem vertrauten Menschen, der sie sanft die eigenen Grenzen und die der anderen wahrzunehmen lehrt.

Kinder lassen Altes hinter sich, passen sich an neue Situationen an. Und obwohl sie bereits gelernt haben, sich Stück für Stück hinauszuwagen, sind diese Schritte zunächst von Unsicherheit begleitet. Hinzu kommt oft noch die Sorge, sich zu blamieren: Das Kind fürchtet, ausgelacht zu werden, nicht so schnell und toll zu sein wie die anderen. In diesen Zeiten ist es entscheidend, die Kleinen zu begleiten. Je besser die ersten Schritte gelingen, desto sicherer und neugieriger wagen sich die Kinder später in neue Lebensabschnitte.

Mitmach-Ideen für Eltern: Jetzt gehts in den Kindergarten!

Es gibt etliche Bilderbücher, die Sie gemeinsam anschauen können und Geschichten zum Vorlesen. Spielen Sie zu Hause Kindergarten und lassen Sie Ihr Kind mal Erzieherin sein, während Sie das Kind spielen.
Liebevolle Rituale zum Abschied geben Ihrem Kind Sicherheit. Das kann ein Kuss von Mama oder Papa auf die Hand sein, den es in die Hosentasche „steckt" und jederzeit herausholen kann; ein Winken und Augenzwinkern, bevor es in den Spielraum geht.

Seien Sie in der Anfangszeit, wenn Ihr Sprössling im Kindergarten ist, sehr aufmerksam. Klagt er neuerdings viel über „Auas", hat keine Lust zu spielen, ist stiller als sonst, zieht sich in sein Kinderzimmer zurück oder ist – ganz im Gegenteil – gereizt und neigt zu Wutausbrüchen, sprechen Sie mit der Erzieherin. Häufig steckt etwas Harmloses dahinter, kleine Zänkereien oder Eifersucht zwischen den Kindern.

Ab in die Schule!

Die Einschulung ist für Kinder und Eltern ein besonders einschneidendes Ereignis. Die „Schonfrist" ist vorbei, Kinder und Eltern müssen sich für ein paar Stunden voneinander trennen. Erstmals kommen von außen Anforderungen auf das Kind zu, werden Maßstäbe gesetzt. Manche Kinder fiebern der Schule mit einem freudigen Kribbeln im Bauch entgegen, denn dann gehören sie endlich zu den Großen; andere nähern sich ängstlich diesem Neubeginn.

Von der Grundschule bis hin zum Abschluss einer weiterführenden Schule birgt diese Zeit für Kinder und Jugendliche viele Situationen, die Unsicherheit oder gar Angstgefühle hervorrufen können. So stellt sich meist im ersten Schuljahr eine Rangordnung im sozialen Ansehen heraus. Jungen brillieren unter anderem durch Kraft, Mädchen mit ihrem Aussehen. Daneben zählt, wer auch mal eine Rechenaufgabe abschreiben lässt, den anderen von seinen Gummibärchen abgibt, toll malen oder skaten kann.

Zuversichtlich in die Welt hinaus 8

> *Man kann nicht in allem perfekt sein. Auch das müssen Kinder lernen und da ermutige ich sie auch dazu und gebe auch Beispiele. Der Papa kann besser den Rasen mähen und die Mama besser Wäsche bügeln. Und die Kinder sollen sich vorstellen, die Arbeitsverteilung bei den Eltern rumzudrehen. Dann wird meistens gelacht und die Kinder sagen: „NEIN, nicht Papa bügeln lassen."* – Dagmar Ringwald, Glauburg, zwei Töchter (10 und 8 Jahre)

Mitmach-Idee für Eltern: Bilddokumente

Nehmen Sie ein Fotoalbum aus Ihrer Kindheit zur Hand und schauen Sie sich die Bilder Ihrer Einschulung an: das Klassenfoto im Pausenhof, die Schulfeier in der Aula ... Wie fühlten Sie sich? Was davon möchten Sie Ihrem Kind weitergeben? Versetzen Sie sich nun in die Lage Ihres Kindes und berichten Sie ihm, wie es zu Ihren Zeiten in der Schule war. Das hilft Ihnen beiden, sich emotional auf die neue Situation einzulassen.

Nicht alle Kinder können sich behaupten, entweder, weil sie schüchtern sind oder „uncool" oder weil sie beim Lernen nicht mitkommen. In dieser Zeit wurzeln viele Ängste von Kindern und es liegt auch am Geschick des Lehrers, dafür zu sorgen, dass alle Kinder in die Klassengemeinschaft aufgenommen werden und sich wohlfühlen.

Kinder, die damit nicht klarkommen, zeigen unterschiedliche Verhaltensweisen. Manche igeln sich ein, sind müde und gedrückt oder aggressiv und bockig, fangen an, morgens zu trödeln, können sich nicht konzentrieren, vergessen diese oder jene Schulhefte oder Stifte. Irgendwann wollen sie gar nicht mehr in die Schule. Andere spielen ständig den Klassenclown oder versuchen, sich Freundschaften mit angesehenen Kindern durch Geschenke zu erkaufen. Manchmal sagen Kinder aber auch direkt, was sie bedrückt, zum Beispiel, dass andere Kinder sie auslachen, sie ausschließen oder ärgern. Manchen tut der Bauch oder Kopf weh, ihnen ist übel oder sie können abends nicht einschlafen.

Auch wenn Ihr Kind sich plötzlich anders verhält: Sprechen Sie mit dem Lehrer. Überlegen Sie gemeinsam, was Sie tun können. Wichtig: Beziehen Sie Ihr Kind mit ein. Kinder haben oft selbst die besten Ideen, brauchen aber Eltern und Lehrer als Unterstützung. Es ist ein Balanceakt, dem Kind einerseits zu helfen, ihm aber andererseits nicht alles abzunehmen.

Gerade wenn die Not am größten ist, Tränen fließen oder ein Wutanfall einsetzt oder wenn seitens des Kindes Ungerechtigkeit empfunden wird, mache ich es mir zur Gewohnheit, ruhig zu bleiben, meinen Sohn in die Arme zu nehmen, zu trösten und mit ihm zu reden. ... Oft erzähle ich meinem Kind von Begebenheiten auf unserem Pausenhof damals, von frechen Mitschülern, die es schon zu unserer Kinderzeit gab, vom Lehrer, der gerade in kritischen Situationen wegsah, und auch, dass ich mich als Kind manchmal unfair behandelt fühlte. Stets gibt es ein „Happy End" bei meinen Geschichten, die mein Kind überzeugen sollen, für das Gute zu stehen, Ungerechtigkeiten zu erkennen und zu benennen. – Katrin Balogh, Maintal, ein Sohn (8 Jahre)

> **Mitmach-Idee für Eltern: Schulzauber**
>
> Fragen Sie Ihr Kind, was ein Zauberer alles machen müsste, damit es dem Kind in der Schule gut geht. Sie werden staunen, wie viele Wünsche ihm einfallen.

Vorschulkinder freuen sich auf die Schule und darauf, endlich lesen, schreiben und rechnen zu lernen. Sie hoffen, es gut zu schaffen, und brennen auf ein Lob. Gleichzeitig kann sich bei ihnen auch Verunsicherung einstellen.

Versagensängste haben eher Kinder, die von Natur aus etwas unsicher sind. Auch die Haltung der Eltern spielt dabei eine Rolle: Sie trauen ihrem Kind vielleicht zu wenig zu oder sie erwarten Top-Leistungen. Beides kann Angst machen. Bei einigen Kindern steigert sie sich so sehr, dass sie gar nichts mehr für die Schule tun. Es gibt kein Patentrezept, aber mit einigen Maßnahmen können Sie vorbeugend aktiv werden.

Das Kind stärken

- Wählen Sie möglichst eine Schule aus, die den Begabungen Ihres Kindes und Ihren Vorstellungen entgegenkommt.
- Lähmen Sie Ihr Kind nicht mit hohen Erwartungen. Jedes Kind hat seine Stärken; entdecken Sie diese und loben Sie Ihr Kind täglich für kleine Schritte.
- Machen Sie keinen Druck! Finden Sie heraus, ob es gut für Ihr Kind ist, daheim in Ruhe mit Ihnen den Stoff zu wiederholen und seine Schulaufgaben zu machen – ohne Stress – oder ob es zu Hause mehr Zeit zum Herumtoben und Spielen braucht.

Nehmen Sie den Zensuren die Spitze. Streuen Sie ruhig ein, dass Sie als Kind auch schon mal mit einer 5 in Rechnen nach Hause gekommen sind und dass davon nicht die Welt untergegangen ist. Erklären Sie dem Kind lieber, was die Note

Zuversichtlich in die Welt hinaus

"sagt" – dass sie nicht gut oder schlecht bedeutet. Sondern dass, na ja, ein bisschen Nachholbedarf in Kopfrechnen besteht. Und dass Ihr Kind das hinbekommt. Loben Sie es für die Dinge, die es gut kann, und machen Sie ihm Mut. Sehen und schätzen Sie das Wesen Ihres Kindes und sagen Sie es ihm. Der Weg aus der Stressfalle wird in der Kindheit gebahnt.

Das Kind wertschätzen

- Verhängen Sie keine Strafen für schlechte Noten.
- Übertragen Sie Ihre eigenen Leistungsvorstellungen nicht auf Ihr Kind.
- Auch wenn von den Noten in unserer Leistungsgesellschaft viel abhängt – Schulnoten bestimmen nicht das Glück im Leben. Viel wichtiger ist, dass sich Ihr Kind an der Schule wohlfühlt. Denn dann sind die Lust am Lernen und gute Noten wahrscheinlicher.
- Entdecken Sie Talente, die Ihr Kind außerhalb der Schule zeigt, oder einfach schöne Seiten seiner Persönlichkeit. Zeigen Sie Ihrem Kind, dass Sie sich daran erfreuen und es lieb haben.
- Lassen Sie Ihr Kind malen, basteln, spielen, herumtoben, tollen, wettlaufen, auf Bäume klettern und im Regen durch Pfützen hüpfen, Violine spielen oder auf dem Fußballplatz kicken. Lassen Sie es einfach Kind sein.

> *Ich sage meinem Sohn immer, dass er das Beste ist, was mir im Leben passiert ist. Wenn er was toll gemacht hat, geben wir uns immer „Fünf". Mit seinem Papa hat er einen besonderen Gruß dafür entwickelt.* – Petra Gaßner, Vöhringen, ein Sohn (6 Jahre)

Liebe geben

Sie können viel dafür tun, dass Ihr Kind sich vertrauensvoll in die Welt hinaus wagt und die „Stolpersteine" auf seinem Lebensweg zur Seite räumt. Die Grundpfeiler dafür: Geben Sie Ihrem Kind Geborgenheit, indem Sie daheim eine warme Atmosphäre schaffen, sich ihm liebevoll zuwenden und seine Kinderwelt ernst nehmen. Sorgen Sie dafür, dass Ihr Kind zuversichtlich ist, sich selbst und anderen vertraut und sich sicher fühlt. Sie legen vor allem in seinen ersten beiden Lebensjahren den Keim für sein Urvertrauen in die Welt.

> *Ein Lächeln, eine freundliche Geste, Mitfühlen, Streicheleinheiten, jemanden einfach einmal in den Arm nehmen und ein paar tröstende Worte finden, das tut allen Menschen gut.* – Martina Rathmann, Nordwalde, Mutter von drei Töchtern (18, 16, 13 Jahre); Tagesmutter

Aktiv und bewegend

Für Bewegung gemacht

Menschen haben sich bis vor wenigen Jahrzehnten wesentlich mehr bewegt als heute. Wenn die Menschen in einigen Jahrhunderten auf ihre Entwicklung zurückblicken, werden sie sagen, dass mit dem Vormarsch der elektronischen Medien ein neues Zeitalter begonnen hat. Das Leben und das Aufwachsen der Spezies Mensch verändert sich zurzeit in einer für die Menschheitsgeschichte fast unglaublichen Geschwindigkeit. Kinder, die bis vor wenigen Jahren ihre Nachmittage mit anderen Kindern im Freien mit Versteckspiel und Fangen verbrachten, sitzen heute alleine vor ihren Bildschirmen. Bewegung findet in der Regel organisiert im Sportunterricht oder in Vereinen statt.

Obwohl Kindern heute viel geboten wird, bleibt der Eindruck, dass die Probleme in den Schulen und Kindertageseinrichtungen zunehmen. Gemeinsam essen, Zeit zum Reden, freie Nachmittage zum Spielen und Toben mit anderen Kindern – vielleicht ist es genau das, was Kinder brauchen?

Wofür braucht das Gehirn Bewegung?

Unsere Lebensgewohnheiten unterscheiden sich grundlegend von denen der Menschen früherer Zeiten – unsere Körper jedoch nicht. Schon im Mutterleib gibt die Bewegung von Mutter und Kind dem sich entwickelnden Gehirn entscheidende Anreize und Impulse. Bewegung regt die Entwicklung und die Vernetzung von Nervenzellen im Gehirn des Fötus an. Nach der Geburt setzt sich das fort.

Aktiv und bewegend 9

Bewegung ist wichtig zum Beispiel für das Knochenwachstum, die Ausbildung der Muskulatur und die Körperhaltung des Kindes. Darüber hinaus sind vielfältige Bewegungserfahrungen die Grundlage für die Entwicklung der Motorik, der Sprache, der Selbstwahrnehmung und des Sozialverhaltens. Alle diese Fähigkeiten steuert das Gehirn.

Eine Frischekur für die grauen Zellen

Der Zusammenhang zwischen Bewegung und Gehirnleistung hat viele Aspekte. Am einfachsten nachzuvollziehen ist die Tatsache, dass das Gehirn bei Bewegung – besonders bei Bewegung im Freien – optimal durchblutet und mit Sauerstoff versorgt wird. Dadurch erhöht sich auch die Leistungsfähigkeit des Gehirns.

Wissenschaftler haben herausgefunden, dass neue Nervenzellen entstehen, wenn wir uns bewegen. Das Fachwort dafür heißt „Neurogenese", also Neubildung von Nervenzellen im Gehirn – und die ist durch Bewegung noch im Alter möglich. Körperliche Betätigung führt deshalb in jeder Lebensphase zu besserer geistiger Fitness. Bewegung ist für die Leistungsfähigkeit des Gehirns mindestens so wichtig wie das Lösen von kniffeligen Aufgaben. In jedem Alter gilt: Bewegung macht schlau!

Ach so! – Eine bahnbrechende Entdeckung

Die Neubildung von Nervenzellen im Gehirn Erwachsener galt als ausgeschlossen, bis im Jahr 1998 der Neurowissenschaftler Peter S. Eriksson von der Sahlgrenska-Universität im schwedischen Göteborg mit seinem Team entdeckte, dass durch Bewegung im Hippocampus erwachsener Menschen neue Nervenzellen entstehen. Der Hippocampus ist der Teil des Gehirns, der maßgeblich für das Lernen von Fakten und das Speichern von Ereignissen ist.
Die Neubildung von Nervenzellen im Hippocampus und damit die Lernleistung steigen mit zunehmender Intensität der körperlichen Aktivität. Es konnte inzwischen nachgewiesen werden, dass ältere Menschen, die körperlich aktiv sind, bei Gedächtnis- und Denkfähigkeitstests deutlich besser abschneiden als ihre weniger aktiven Altersgenossen. Mehr hilft also mehr, solange die Belastung nicht extrem wird.

Joggen statt büffeln?

Sport macht schlau – das ist inzwischen wissenschaftlich nachgewiesen. Ein häufiger Wechsel von sportlicher Betätigung und Lernen oder Arbeiten ist für unsere Gehirnleistung ideal. Versuche an Schulen haben gezeigt, dass durch täglichen Sport die Lernleistung tatsächlich verbessert wird. Auf diese Weise führt Sport durch eine bessere Lernfähigkeit auf lange Sicht auch zu mehr Erfolg in der Schule. Ideal ist es, wenn sich Ruhephasen mit Zeiten der sportlichen Betätigung – am besten im Freien – abwechseln. Lange Hausaufgaben und Lernzeiten kann man durch eine halbe Stunde Ballspielen im Freien unterbrechen. Frisch und mit gut durchbluteten „grauen Zellen" arbeitet es sich noch einmal so gut.

Glücklich ist, wer sich bewegt

Beim Sport wird das Gehirn nicht nur besser durchblutet und mit Sauerstoff versorgt; durch die sportliche Aktivität nimmt auch die Konzentration von verschiedenen Botenstoffen im Gehirn zu. Diese Botenstoffe (Neurotransmitter) regeln Gehirnprozesse wie Lernvermögen, Gedächtnisleistung und sogar emotionale Prozesse. Allgemein bekannt ist in diesem Zusammenhang die Zunahme von Dopamin und anderen Neurotransmittern durch sportliche Aktivitäten. Dopamin gilt als Glücksstoff.

Ach so! – Schaltstellen im Gehirn

Das Gehirn besteht aus Nervenzellen und Schaltstellen zwischen den Nerven – das sind die Synapsen. Die Nervenzellen sind nicht direkt miteinander verbunden. An den Synapsen befindet sich ein Spalt, der durch Botenstoffe, die sogenannten Neurotransmitter, überwunden wird. Eine „Botschaft", ein Reiz, nimmt einen komplizierten Weg über elektrische Nervenbahnen und chemische Schaltstellen.

Ein ausgeklügeltes System verschiedener Botenstoffe, die in einer ganz bestimmten Konzentration vorliegen müssen, ist für die Leistungsfähigkeit unseres Gehirns verantwortlich. Ist die Konzentration eines Botenstoffes zu hoch oder zu gering, kommt es zu Übertragungsschwierigkeiten. Für eine gesunde emotionale Entwicklung von Kindern spielen die Botenstoffe Dopamin und Serotonin eine Schlüsselrolle. Zum Glück müssen wir diese komplizierten Vorgänge nicht bewusst steuern. Wir können die Leistungsfähigkeit dieser Systeme durch moderate Bewegung und gute Ernährung jedoch unterstützen.

Aktiv und bewegend

> *Unsere Jungs sind sehr lebhaft und in Bewegung und dadurch haben wir schon früh mit Sport angefangen. Zuerst mit Mutter-Kind-Turnen, dann Kinderturnen und dann konnte sich jedes Kind eine Sportart aussuchen. Wir merken, dass Sport viel Selbstbewusstsein geben kann. Die Kinder lernen auch, mit Erfolg und Niederlagen umzugehen.* – Silke Koschinski, Frankfurt/M., drei Söhne (15, 12 und 10 Jahre)

Konzentriert und akzeptiert – durch Sport

Neurowissenschaftler zählen Fähigkeiten wie das Lenken der Aufmerksamkeit auf Wesentliches, das Planen von Handlungen oder das Ausblenden von Unbedeutendem zu den „exekutiven Funktionen" unseres Gehirns. Durch Ausdauerbelastungen werden die exekutiven Funktionen positiv beeinflusst. So hat sich zum Beispiel gezeigt, dass eine halbe Stunde Schulsport täglich nicht nur die Lernfähigkeit verbessert, sondern sich auch positiv auf die Konzentration und das Sozialverhalten der Schüler auswirkt.

Ballspiele schulen die Aufmerksamkeit

Unabhängig von den positiven Auswirkungen, die jede Form von Sport auf die Konzentrationsfähigkeit hat, schulen manche Sportarten über einen Trainingseffekt die Aufmerksamkeit ganz gezielt. Einen Ball zu fangen, ist zum Beispiel eine ideale Übung für die Aufmerksamkeit. In einem Ballspiel, egal, ob es sich um ein freies Kinderspiel oder um Schul- oder Mannschaftssportarten wie Handball oder Basketball handelt, muss jeder Mitspieler bei der Sache sein. Erfahrene Spieler haben den Ball möglichst in jeder Situation im Auge, um dann im richtigen Augenblick reagieren zu können. Beim Fangen des Balls sind schnelle Reaktion und eine gute Auge-Hand-Koordination erforderlich. Der Spaß am Spiel mit anderen und die Spannung durch die Wettkampfsituation zweier Mannschaften sorgen dafür, dass diese Fähigkeiten nebenbei erworben werden.

Lernen, miteinander umzugehen

Über die Konzentration wichtiger Botenstoffe im Gehirn wirkt Sport zudem auf das Sozialverhalten der Jugendlichen. Fitte Jugendliche haben ihre Impulse besser unter Kontrolle. Vor allem Ausdauersport hat diese Wirkung bei jedem Einzelnen, unabhängig von Gruppenerfahrungen, einfach durch die Bewegung an sich.

Zusätzlich fördern bestimmte Gruppenspiele oder Mannschaftssportarten das Sozialverhalten durch ganz konkrete soziale Lernerfahrungen. Auch hier ist das freie Ballspiel mit anderen ein gutes Beispiel. Zunächst treffen alle Mitspieler Absprachen: Wie wird gespielt? Was ist erlaubt? Was gilt nicht? Jeder Mitspieler bringt andere Voraussetzungen mit. Das Spiel wird nur gelingen, wenn bessere Spieler Rücksicht nehmen und mit den anderen zusammenarbeiten. Sonst kommt es in solchen Situationen früher oder später zum Abbruch.

Erwachsene sollten sich am besten zurückhalten. Krisen, auch wenn sie von heftigen Wortwechseln begleitet sind, bieten Kindern die Gelegenheit, die Regeln neu zu verhandeln und zu klären, wie die einzelnen Mitspieler sich verhalten sollten, damit das Spiel allen Spaß macht. Wenn sich schwächere Mitspieler frustriert zurückziehen, können auch die besseren nicht mehr weiterspielen. Ohne Rücksicht auf andere und einen Blick auf das Ganze funktioniert nicht einmal ein einfaches Ballspiel. Das ist eine gute soziale Lernerfahrung für alle Beteiligten.

Selbstwahrnehmung

Kleine Kinder lernen ihren Körper, seine Fähigkeiten und Grenzen durch Bewegung kennen. Ihr Selbstwertgefühl ist eng mit ihren körperlichen und motorischen Fähigkeiten verbunden. Wer gut klettern oder schnell rennen kann, genießt die Anerkennung anderer Kinder und schätzt sich selbst positiv ein. Darum brauchen Kinder viele Bewegungserfahrungen, um die Leistungsfähigkeit ihres Körpers zu erleben. Jeder Erfolg bedeutet: Das kann ich schon!

Natürlich stoßen alle Menschen – und erst recht kleine Kinder – immer wieder an ihre körperlichen Grenzen. Wichtig ist, dass Kinder die Möglichkeit bekommen, positive, ermutigende Körpererfahrungen zu machen. Bei kleinen Kindern gelingt das am besten, wenn sie ihre Aufgaben selbst wählen können. Wie hoch komme ich auf dem Klettergerüst? Wie schnell kann ich rennen? Aber auch Schulkinder

Aktiv und bewegend

brauchen liebevolle Begleitung, immer wieder mal eine Anerkennung für ihre Leistung – außerdem viel Freiraum für Bewegungserlebnisse und selbst gewählte sportliche Betätigung.

Die Stärken in den Mittelpunkt rücken

„Du kannst schon bis zur dritten Stufe klettern, toll!" ist eine Formulierung, die motivierend und bestärkend wirkt. Wer ein Kind fördern will, sollte es loben und bestärken. In einer Atmosphäre der Geborgenheit, des Vertrauens und der Achtsamkeit füreinander können Kinder am besten lernen, auch mit ihren Grenzen und Schwächen umzugehen. Wie in jedem Alter und in jeder Situation gilt auch für Bewegungserfahrungen: Tadel hemmt, Lob motiviert zu weiterer Anstrengung.

Mit liebevoller Aufmerksamkeit für das Kind gelingt Eltern auch die Gratwanderung zwischen zwei wichtigen Polen: dem Kind etwas zuzutrauen, es nicht ängstlich am Erproben seiner Grenzen zu hindern auf der einen Seite – es aber andererseits auch nicht mit eigenen, ehrgeizigen Ansprüchen zu überfordern.

Begriffe bilden – Sprache und Bewegung

Begriffe wie „glatt", „rutschig", „steil", „rund" oder „eckig" kann ein Kind erst dann lernen, wenn es eine Vorstellung davon hat, was sie bedeuten. Dafür muss es die entsprechenden Erfahrungen gemacht haben. Und die sind mit Ausprobieren, mit Bewegen verbunden. In unserem deutschen Wort „begreifen" steckt die Erkenntnis, dass man nur verstehen kann, was man zuvor angefasst hat – Greifen führt also zum Begreifen. Oder: Verschiedene aktive Erfahrungen wie der Versuch, eine nasse Böschung hinaufzusteigen, erlauben überhaupt erst das Verstehen eines Begriffes wie „rutschig". Insofern hängen Bewegung, aktives Ausprobieren und die Sprachentwicklung eng zusammen.

Sprachförderung durch Bewegung?

Für Kinder ist Sprache ein Mittel, um etwas zu erreichen. Sie wird nur im aktiven Austausch mit Mitmenschen erworben. Kleinkinder drücken das, was sie wollen, zunächst ohne Worte aus. Sie zeigen auf ein Getränk oder ziehen die Eltern in eine gewünschte Richtung. Mit Worten klappt die Kommunikation noch besser – das ist der Grund, sich überhaupt um Sprache zu bemühen. „Mama Milch" sagen zu können, ist hilfreich, um an das begehrte Getränk zu kommen. Die Sprache ermöglicht uns sehr genaue und differenzierte Mitteilungen. Sie dient dem Austausch mit anderen – darum entwickelt sie sich nur im Austausch mit anderen.
Ein spannendes, verlockendes Spiel mit anderen auf die Beine zu stellen, ist ein hervorragender Anreiz, um die sprachlichen Ausdrucksfähigkeiten zu erproben und zu verbessern. Wer sich und seine Interessen durchsetzen will, muss verhandeln können, muss sich überlegen, wie die anderen Mitspieler für eine Idee gewonnen werden können. Belohnt wird die Anstrengung durch ein Spiel, dessen Regeln das Kind mitbestimmt hat.

Mitmach-Ideen für Eltern und Kinder: Spieletipps

Kommunikation ohne Worte: Ein Mitspieler verwandelt sich in einen Haushalts-Roboter. Ein zweiter Mitspieler ist der Programmierer. Er macht dem Roboter ohne Worte, also pantomimisch, vor, was er tun soll: den Boden wischen, die Fenster putzen, das Auto waschen, die Treppe putzen, kochen. Durch Antippen der Stirn kommt der Roboter in Gang und führt die Bewegung aus. Dann werden die Rollen getauscht.

Oben drüber oder unten durch? Im Wohn- oder Kinderzimmer wird ein kleiner Hindernis-Parcours aus Stühlen, einem Seil und einem Besenstiel aufgebaut. Abwechselnd nehmen die Mitspieler die Position des Sportlehrers ein, der den anderen Aufträge gibt: Kriecht unter dem Stuhl durch, springt über den Stiel, balanciert auf dem Seil entlang, stellt euch hinter den Stuhl, legt einen Fuß auf die Lehne, klettert auf den Stuhl und springt wieder herunter. So werden wichtige Begriffe zur räumlichen Orientierung (auf, hinter, vor, über, unter, neben) spielerisch eingeübt.

Aktiv und bewegend 9

Welcher Sport ist richtig für mein Kind?

Kinder unterscheiden sich sehr. Die einen lieben das ständige Kräftemessen mit Gleichaltrigen. Anderen ist das zu anstrengend. Sie bewegen sich gern, möchten aber lieber nur für sich selbst verantwortlich sein. Als Eltern sollten wir auf die Besonderheiten unseres Kindes achten. Was gut für das eine ist, muss nicht gut für das andere sein. Sport soll Spaß machen und die natürliche Bewegungsfreude unterstützen. Welche Sportart geeignet ist für ein Kind, findet man am besten durch „Schnupperstunden" heraus. Eine gute Gelegenheit, die Trainer und die anderen Kinder kennenzulernen und die entsprechende Sportart auszuprobieren.

Als unser Sohn begann, Fußball zu spielen, verlor seine Mannschaft eine Saison lang jedes Punktspiel. Trotzdem schaffte es der Trainer, die Kinder jedes Mal so aufzufangen, dass sie lächelnd zu uns zurückkamen und eher sagen konnten, was sie alles gut gemacht hatten, als das, was danebengegangen war. Ins nächste Spiel gingen sie mit voller Power wieder hinein und hatten wirklich Spaß. – Christin Cammradt, Schwielowsee, ein Sohn (10 Jahre), eine Tochter (9 Jahre)

Lieber im Team

Mannschaftssportarten sind gut für Kinder, die gerne unter Gleichaltrigen sind. Besonders bei Wettkämpfen und Turnieren kommt es zu einem echten Gemeinschafts- und Wir-Gefühl. Allerdings halten sich Kinder untereinander tatsächliche oder vermeintliche Fehler im Spiel auch unerbittlich vor. Viele Kinder kommen mit dem Gruppendruck zurecht, brauchen aber trotzdem Unterstützung durch aktive Zuhörer. Lassen Sie Ihr Kind erzählen und fragen Sie nach, wie es mit der geschilderten Situation umgehen möchte. Vielleicht fällt Ihnen ein ähnliches Ereignis aus Ihrer Kindheit ein. Eigene Wertungen über die Mannschaftskameraden sollte man nicht vorschnell äußern. Besser ist es, dem Kind zuzuhören und ihm zu signalisieren: „Wir stehen zu dir. Wir interessieren uns für dich und wir trauen dir zu, die Situation zu verbessern."

Einzelkämpfer

Die Trainingsstunden für Sportarten wie Leichtathletik, Schwimmen oder Tennis finden meistens zusammen mit mehreren Kindern statt. In Wettkampfsituationen gibt es außer Mannschaftswertungen aber auch Einzelwertungen. Auf dem

Tennisplatz, im Schwimmbecken oder beim Weitsprung zählt die individuelle Form, die persönliche Leistung. Auch hier gibt es die Gelegenheit, mit Erfolgen und Misserfolgen umgehen zu lernen. Der Rückhalt der Familie, die Erfolge und Misserfolge mitträgt, den kleinen Sportler oder die kleine Sportlerin unterstützt und begleitet, tröstet, lobt und auffängt, wirkt hier Wunder. Je jünger Kinder sind, desto schwerer fällt ihnen die Trennung zwischen ihrer Person und einem Misserfolg. Abnehmen sollten wir ihnen diese Erfahrungen nicht – aber wir sollten sie begleiten.

Kampfsport

Wer es noch nicht selbst erlebt hat, wird erstaunt sein, wie außerordentlich diszipliniert es bei Sportarten wie Karate, Taekwondo oder Judo zugeht. Kinder werden hier keineswegs zur Aggressivität erzogen. Vielmehr stehen Körperbeherrschung, Selbstbeherrschung, Konzentration und Selbstdisziplin auf dem Lernprogramm. Öffentlich ausgetragene Wettkämpfe bieten die Gelegenheit, sich selbst ein Bild zu machen.

Reiten ...

... ist nicht nur ein Sport für Mädchen. Der Umgang mit dem großen Tier erfordert Selbstkontrolle und Einfühlungsvermögen. Ein Pferd zu pflegen und sein Vertrauen zu gewinnen, ist für alle Kinder eine wertvolle Erfahrung. Das Reiten selbst ist ein aktiver Sport, der Koordinationsfähigkeit und Konzentration fördert.

> **Ach so! – Wie viel Sport ist gut?**
>
> Wie so oft im Leben kommt es auch beim Sport auf die Dosis an. Extremer Leistungssport bedeutet für den Körper Stress und führt zu einer stark erhöhten Konzentration bestimmter Botenstoffe im Gehirn, wodurch das empfindliche Gleichgewicht gestört wird. Dauerhafte Extrembelastung durch Sport kann sogar zu Antriebslosigkeit und Depression führen. Positive Wirkung hat dagegen jede Form von Bewegung, die Spaß macht, die sich gut anfühlt. Wichtig ist also die Achtsamkeit für den Körper. Natürlich muss man bei Ausdauersportarten auch an seine Grenzen gehen und den „inneren Schweinehund" besiegen. Moderates – also angemessenes – Ausdauertraining durch Joggen, Leichtathletik, Fahrradfahren oder Mannschaftssportarten ist wichtig für die Kondition und für die Leistungsfähigkeit des Gehirns.

Aktiv und bewegend 9

Familiensport

Wandern ist nicht nur ein Sport für Senioren. Mit einer befreundeten Familie und zünftigem Proviant macht Wandern auch Kindern Spaß. Es gibt in vielen Regionen eigene Erlebniswanderwege oder Naturlehrpfade für Familien, auf denen kleine Attraktionen am Wegrand für Abwechslung sorgen. Aber auch ohne besondere Angebote macht Wandern Spaß, besonders, wenn mehrere Kinder zusammen sind.

Radtouren sind für Familien mit Schulkindern ebenfalls ideal. Natürlich sollten sich alle nach dem jüngsten oder langsamsten Teilnehmer richten. Die Motivation wächst, wenn das Ziel der Tour attraktiv ist. Ein Minigolfplatz, ein Grillplatz oder der nächste Badesee vielleicht?
Im Winter kann man ebenfalls wandern und zum Aufwärmen einen leckeren Kinderpunsch aus heißem Orangensaft mit Zimt, Früchtetee und Zucker bereithalten. Auch beim Skifahren oder Rodeln hat die ganze Familie Spaß.

In Kletter- oder Hochseilgärten können Sie gemeinsam mit der ganzen Familie das Klettern für sich entdecken. Gut gesichert und mit Anleitung kann jeder die Herausforderung nach seinem eigenen Gefühl steigern. Außerdem erfährt man beim Klettern seine Grenzen und hat die Chance, diese zu erweitern. Dazu gehört Überwindung – und das ist für Eltern und Kinder gleichermaßen schwierig. Außerdem ist es eine tolle Erfahrung, andere zu sichern – und von den anderen gesichert zu werden. „Wir halten dich, du kannst dich uns anvertrauen", das ist eine starke Botschaft, die weiterwirkt.

Wenn Eltern selbst ein sportliches Hobby haben, lassen sich die Kinder häufig auch dafür begeistern. Vorausgesetzt, die Eltern schaffen es, die Freude an der Sache in den Vordergrund zu stellen. Das Vorbild von Eltern, die gerne und häufig Sport treiben, wirkt mehr als alle Worte. Die Begeisterung für die Bewegung steckt an und wird das Verhalten der Kinder dauerhaft prägen.

Aktivitäten wie Treppensteigen, Fahrradfahren, Spaziergänge oder ausgelassenes Spielen und Toben können jeden Tag eingeplant werden. Das bringt die ganze Familie auf Trab – und Bewegung in den Alltag.

Bewegter Alltag

Auf Lernen programmiert

Die Natur hat dafür gesorgt, dass Kinder genau die Bewegungserfahrungen machen, die für ihre Entwicklung erforderlich sind. Erwachsene brauchen ihnen nur Freiraum zu geben. Kleine Kinder nehmen selten den einfachsten Weg; gerade die Hindernisse ziehen sie an. Warum auf dem Fußweg laufen, wenn nebenan ein Mäuerchen lockt? Warum den Eisplatten im Winter ausweichen?

Auf dem glatten Untergrund lassen sich wunderbare Gleichgewichtserfahrungen machen. In dieser Situation brauchen Kinder einsichtige erwachsene Begleiter, die verstehen, dass hier ein inneres Programm abläuft. Natürlich würden wir selbst dem Glatteis aus dem Weg gehen, erst recht, wenn wir schon dreimal gefallen sind. Unsere Kleinkinder nicht. Sie möchten die Erfahrung immer wiederholen, bis alles gelernt ist, was es auf diesem Untergrund zu erproben gibt. Wenn das anders wäre, würde kein Kind laufen lernen.

Was uns auf den ersten Blick unverständlich vorkommt, ist in Wahrheit also ein Lernprogramm. Das Programm heißt: Wie muss ich mich bewegen, um auf dem Eis nicht hinzufallen? Warum ist das hier anders als auf dem trockenen Gehweg? Wie kann ich das Gleichgewicht halten?

In Sport- und Reha-Einrichtungen werden ähnliche Situationen künstlich geschaffen, weil man weiß, dass solche Balanceübungen die Geschicklichkeit und Koordinationsfähigkeit fördern und Muskeln aufbauen. „Damit fördern Sie die koordinativen Fähigkeiten, den Gleichgewichtssinn und die Konzentration" – so oder ähnlich könnte der Werbespruch für ein Balancegerät lauten. Kleine Kinder finden überall eine Gelegenheit, diese Fähigkeiten zu schulen. Sie suchen sich solche Herausforderungen allein – wir sollten erst dann eingreifen, wenn es wirklich gefährlich wird. Eine zu dünne Eisfläche ist natürlich kein geeignetes Übungsfeld.

Für Kinder gilt die fernöstliche Weisheit: Der Weg ist das Ziel. Ankommen oder eine bestimmte Route zurücklegen – darum geht es für sie nicht. Alle Bewegungs- und Lernangebote anzunehmen, die der Weg bietet, das ist ihre Sache.

Aktiv und bewegend 9

> **Mitmach-Ideen für Eltern und Kinder: Laufmotivation**
>
> **Wege mit Kleinkindern:** Wählen Sie bewusst Wege aus, die verschiedene Möglichkeiten für gefahrlose Experimente bieten: einen Park, ein ruhiges Wohngebiet, ein Waldstück. Planen Sie Zeit ein zum Rennen, Toben, Klettern und Erproben.
>
> **Wege mit Schulkindern:** Schulkinder lassen sich zum Laufen motivieren, wenn sie ein interessantes Ziel in Aussicht haben. Das kann ein Kletterbaum sein oder ein interessanter Spielplatz. Unterwegs kann man kleine Spiele einbauen. Ein Mitspieler läuft voran und versteckt sich am Weg. Werden ihn die anderen finden? Oder: Ein Mitspieler ruft ab und zu unvermittelt: „Stopp". Die anderen müssen sofort reagieren und in ihrer Bewegung „einfrieren".

Bewegt durchs ganze Leben

Kleinkinder machen uns vor, wie es geht: Sie nehmen selbst eine unscheinbare Mauer am Weg als Einladung zum Klettern, Balancieren und Herunterspringen an. Davon können wir Älteren lernen, denn die meisten von uns nehmen solche Einladungen zur Bewegung nur selten wahr. Dabei warten solche Gelegenheiten auch auf uns an jeder Ecke! Das kann die Treppe neben dem Aufzug sein. Das Fahrrad ist eine gute Alternative zum Auto. Oder wählen Sie zum Ausspannen lieber einen Spaziergang durch den Wald, statt die freie Zeit vor dem Bildschirm zu verbringen. Angebote zur Bewegung sind immer und überall vorhanden – wir brauchen nur zuzugreifen, um bewegt durch den Alltag und das ganze Leben zu kommen.

Draußen aktiv sein

Kinder finden heute im Freien oft keine anderen Kinder zum Spielen mehr. Viele Eltern haben berechtigte Angst vor dem Straßenverkehr. Anderen ist nicht bewusst, wie wichtig Bewegung mit Gleichaltrigen im Freien für ihre Kinder ist. Mitunter sind auch Nachbarn ein Problem, die sich durch spielende Kinder gestört fühlen.
Darum sind gute Ideen gefragt, um Kindern das zu bieten, was sie zum gesunden Aufwachsen brauchen – Bewegung im Freien. In Gemeinschaft mit anderen ist das viel leichter. Warum nicht andere Eltern in der Nachbarschaft ansprechen und Spielzeiten für die Kinder im Freien verabreden?

Welche Rolle spielt das Essen?

Eine neue Bewertung des Essens

Mit ausgewogenem Essen tun wir unserem Körper etwas Gutes. Eine liebevoll zubereitete Mahlzeit versorgt alle Familienmitglieder mit den Nährstoffen, die sie für ein aktives Leben brauchen – und drückt ganz ohne Worte aus: Ihr seid mir wichtig. Viele Nährstoffe kann der Körper nicht selbst herstellen. Er ist darauf angewiesen, dass sie ihm immer wieder zugeführt werden. Auch die Steuerung unserer Emotionen und Gedächtnisleistungen geschieht mit Unterstützung verschiedener Nährstoffe im Gehirn. Der Botenstoff Serotonin beispielsweise unterstützt die Konzentrations- und Denkfähigkeit, sorgt für Entspannung und Wohlbefinden. Um diesen wichtigen Stoff herzustellen, braucht der Körper Vitamin B_1, das in Getreide, Hülsenfrüchten und Nüssen vorkommt. Dieses eine von vielen Beispielen macht deutlich, dass wir uns tatsächlich leistungsfähig, schlau, in gewissem Maße sogar zufrieden und ausgeglichen „essen" können.

Am Anfang war – der Kochtopf!

Zu einer Zeit, als unsere Vorfahren Pflanzen und Fleisch noch roh verzehrten, war ihr Gehirn wesentlich kleiner als unseres. Die Entdeckung, dass gekochtes Fleisch länger haltbar und leichter zu essen ist, setzte die Evolutionsprozesse in Gang, an deren Ende die Menschen einen kürzeren Verdauungstrakt, aber ein wesentlich größeres Gehirn hatten als ihre Vorfahren. Durch Kochen können die Nährstoffe besser aufgenommen werden – und diese Nährstoffe braucht das Gehirn zum Wachsen. Ein weiterer Vorteil von gekochter Nahrung, den wir bis heute schätzen, ist die Zeitersparnis. Mit dem Verzehren gekochter Nahrung hat sich die Zeit der Nahrungsaufnahme verkürzt. Schimpansen verbringen zum Beispiel 7 Stunden täglich mit dem Essen – faserige Pflanzenteile müssen lange und gründlich gekaut werden –, Menschen dagegen nur etwa eine Dreiviertelstunde. Schon vor rund 1,9 Millionen Jahren, als unsere Vorfahren das Kochen entdeckten, setzte also eine Art „Fast-Food-Kultur" ein.

Die Zubereitung der Nahrung wurde im Laufe vieler Jahrtausende immer weiter verbessert. Schon beim Kochen werden viele Erreger abgetötet. Aber auch das Würzen von Fleisch, zum Beispiel mit Knoblauch und Zwiebeln oder Oregano, tötet weitere Krankheitserreger ab. Die über Jahrtausende

Welche Rolle spielt das Essen?

überlieferten Methoden zur Zubereitung der Nahrung dienen also nicht nur dem Zweck, das Essen schmackhafter zu machen; sie machen es auch bekömmlicher.

Mit allen Sinnen bei der Sache

Menschen gehören zu den sogenannten Allesfressern. Sie können Fleisch, Fisch, Pflanzen, Wurzeln, Beeren, Pilze, sogar Schnecken, Muscheln, Raupen und vieles mehr essen. Dadurch steigt aber auch die Gefahr, einmal an eine falsche Pflanze oder einen giftigen Pilz zu geraten. Deshalb ist der Mensch mit Schutzmechanismen ausgestattet. Ein solcher Schutzmechanismus sind die Sinne des Menschen.

Einen ersten Anhaltspunkt darüber, ob ein Nahrungsmittel genießbar ist oder nicht, liefern die Augen und die Nase. Menschen können vermutlich mehr Farben unterscheiden als die meisten Tiere. Das ist hilfreich, um giftige Beeren oder Pilze, die oft bläulich schimmern, zu erkennen. Besonders wichtig ist der Geruchssinn für den Genuss beim Essen. Denn obwohl unsere Zunge Tausende von Geschmacksrezeptoren hat, ist unser Geruchssinn noch weitaus feiner entwickelt. Wie wir den Geschmack einer Speise empfinden, hängt sogar zu 80 % von ihrem Geruch ab. Noch im Rachen geben die Speisen Geruchsteilchen ab, die von hinten in die Nase gelangen. Wenn Augen und Nase eine erste Prüfung der Nahrung vorgenommen haben, kommt der Geschmackssinn an die Reihe.

Ach so! – Geschmackssache

Die Gewöhnung an eine Speise, die man in der frühen Kindheit häufig gegessen hat, führt dazu, dass deren Geschmack positiv bewertet wird. Menschen haben von Anfang an bestimmte Vorlieben für einzelne Geschmacksrichtungen, dennoch beruht die Ausbildung des Geschmacks auf einem Lernprozess, der von der Esskultur der Umgebung geprägt ist.

Abschied von einer langen Tradition?

Unser Gehirn konnte sich erst durch ausreichend gute und vielseitige Nahrung entwickeln. Im Laufe von Jahrtausenden haben sich dabei je nach Klimazone und Nahrungsangebot eigene traditionelle Gerichte und Zubereitungsmethoden herausgebildet. Heute sind wir dabei, diese lange Tradition zu vergessen. Immer häufiger greifen wir auf fertige Produkte zurück, verlassen uns auf zugesetzte Vitamine oder gar Vitaminpräparate, essen nebenbei etwas achtlos Gekauftes.

Es ist natürlich ein Segen, dass wir jederzeit ohne Mühe an Nahrungsmittel kommen. Und die vielen industriell auf- oder vorbereiteten Lebensmittel machen das Leben leichter. Der Nachteil ist, dass dabei viel von dem Wissen über die richtige und schonende Zubereitung des Essens verloren geht, genau wie die Kenntnisse über den Einsatz von frischen Kräutern und über die Zusammenstellung von Gerichten, die für eine optimale Versorgung des Körpers mit Nährstoffen sorgen.

Kein Fertiggericht kann mit einer frisch zubereiteten Mahlzeit mithalten, was den Gehalt an natürlichen Vitaminen und anderen Nährstoffen angeht. Außerdem werden Fertiggerichten verschiedene Stoffe zugesetzt, um sie farblich aufzuwerten, um die Form oder Konsistenz zu verbessern und um sie länger haltbar zu machen. Und: Fertiggerichte enthalten oft hohe Mengen an Salz und Zucker. Das alles ist nicht erforderlich, wenn frisch gekocht wird. Auch Fast Food – bei Kindern beliebt, aber eher eine unausgewogene und sehr kalorienhaltige Art der Ernährung – sollte die Ausnahme bleiben. Wir brauchen eine neue Besinnung auf den Wert unserer Ernährung, denn bewusst zubereitetes Essen ist eine Wohltat für unseren Körper und – nicht zu vergessen – eine Einladung zur Gemeinsamkeit und zu Gesprächen am Tisch. Essen ist eine kommunikative Errungenschaft, die das Familienleben bereichert.

Essen finde ich wirklich wichtig in der Familie. Essen ist Liebe. – Hanka Nikolov, Hannover, zwei Söhne, zwei Töchter (zwischen 5 und 12 Jahren)

Gute Ernährung für eine gesunde Entwicklung

Unser Körper arbeitet ständig, selbst wenn wir im Ruhezustand sind: Das Immunsystem ist immer aktiv, Zellen erneuern sich, Blut- und Atemkreisläufe sowie der Stoffwechsel werden permanent aufrechterhalten. Daneben ist auch jede Bewegung „Arbeit" für den Körper. Dafür braucht er Energie. Die Energie steckt in den Nährstoffen, die wir ihm mit der Nahrung zuführen. Außer Energie braucht der Körper für all seine Aufgaben Vitamine, Mineralstoffe und Spurenelemente, die er nicht selbst herstellen kann. Sie bringen viele Prozesse im Körper in Gang. Auch sie sind in unserer Nahrung enthalten.

Die meisten Nährstoffe benötigt allerdings das Gehirn. Obwohl es nicht viel wiegt, beansprucht es ein Fünftel der Nährstoffe. Das gilt für Menschen jeden Alters. Bei Kindern kommt dazu, dass sich ihr Körper und ihr Gehirn noch entwickeln müssen – Kinder brauchen dafür von Anfang an eine gute Ernährung, die ihrem Körper alle wichtigen Nährstoffe liefert.

Welche Rolle spielt das Essen?

Welche Nährstoffe brauchen wir?

Die wichtigsten Bausteine der Nahrung sind Kohlenhydrate, Eiweiß, Fette, Vitamine, Spurenelemente und Mineralstoffe sowie die unverdaulichen, für den Darm wichtigen Ballaststoffe. Kohlenhydrate sind Energiequellen für den Körper. Sie sind enthalten in Brot, Nudeln, Reis, Kartoffeln, aber auch in Obst- und Gemüsesorten. Eiweiß ist der Baustoff unserer Zellen. Da die Zellen ständig erneuert werden, brauchen wir ständig Eiweiß. In tierischer Form ist es in Fleisch, Fisch, Ei und Milchprodukten enthalten. Pflanzliches Eiweiß liefern zum Beispiel Hülsenfrüchte, Getreideprodukte oder Nüsse. Körpereigenes Fett ist ein Energiespeicher. Mit der Nahrung aufgenommene Fette und Öle sind als Transportmittel für fettlösliche Vitamine wichtig. Ein Mangel an ungesättigten Fettsäuren kann verantwortlich für Vitaminmangel sein. Außerdem schützen die Fettsäuren unsere Zellen.

Vitamine, Mineralstoffe und Spurenelemente erfüllen viele verschiedene wichtige Aufgaben im Körper. Sie sind an fast allen Stoffwechselvorgängen beteiligt, bringen Prozesse in Gang und halten sie am Laufen. Vitamine stecken in Getreide, Fleisch, Fisch und Eiern, besonders aber in Gemüse und Obst. Mineralstoffe und Spurenelemente werden nur in geringen Mengen benötigt. Eine gesunde, abwechslungsreiche Ernährung stellt die Versorgung mit diesen Stoffen in der Regel sicher.

Trinken – ein Muss für Körper und Geist

Der Körper besteht zum größten Teil aus Flüssigkeit. Flüssigkeit ist nicht nur in Blut und Urin, sondern auch in allen Zellen und in den Zellzwischenräumen enthalten. Beim Schwitzen und auf der Toilette verlieren wir ständig Flüssigkeit. Dazu kommt, dass wir sogar beim Atmen Wasser abgeben, rund 0,4 Liter pro Tag. Wir sollten die Flüssigkeit am besten durch Wasser, ungesüßte Kräuter- und Früchtetees oder Fruchtsaftschorle ersetzen; stark zuckerhaltige Getränke am besten meiden. Wie wichtig die Versorgung mit Flüssigkeit ist, erkennt man daran, dass Erwachsene zwar Wochen ohne Essen überleben können – ohne Flüssigkeit allerdings nur drei Tage.

Während der Körper zu etwa 60 % aus Wasser besteht, macht der Wasseranteil am Gehirn sogar 70 % aus. Es konnte nachgewiesen werden, dass das Gehirn nach intensivem Schwitzen vorübergehend schrumpft. Wassermangel führt zu Leistungseinbrüchen. Umgekehrt gilt, dass das Gehirn optimal mit Nährstoffen und Sauerstoff versorgt wird, wenn man regelmäßig und ausreichend Flüssigkeit zu sich nimmt. Die Körperflüssigkeiten transportieren Abfallstoffe ab und bringen

Nährstoffe, Vitamine und Sauerstoff überall dorthin, wo sie gebraucht werden – auch ins Gehirn. Nur wer genug trinkt, kann sich voll konzentrieren und andere Gehirnleistungen optimal abrufen. Dabei sollte nicht dauernd und „mechanisch" getrunken werden, besser immer wieder mal zwischendurch.

Können wir uns glücklich und schlau essen?

Unsere Stimmungslage, unsere Konzentrations- und Merkfähigkeit sind von der Balance verschiedener Botenstoffe im Gehirn abhängig. Die Menge dieser Botenstoffe wird durch die Ernährung beeinflusst. Wir können also mit der richtigen Ernährung positiv auf unsere Gefühlszustände und unsere Gehirnleistung einwirken.

Eine besondere Rolle spielen dabei die ungesättigten Fettsäuren. Während wir Omega-6-Fettsäuren normalerweise über das Essen in ausreichender Menge erhalten, sieht es mit der Versorgung an Omega-3-Fettsäuren anders aus. Durch heutige Mastverfahren nimmt der Anteil an Omega-3-Fettsäuren in Fleisch und Milch immer mehr ab. Außerdem sind Omega-3-Fettsäuren nicht lange haltbar. Daher sind sie bei der Lebensmittelindustrie nicht erwünscht. Am besten kann unser Körper Omega-3-Fettsäuren aus tierischen Quellen wie Fisch verwerten. Für die Entwicklung des Gehirns und unser Denkvermögen ist dieser Stoff enorm wichtig. Zudem gibt es in unseren Breitengraden einen Zusammenhang zwischen der Unterversorgung mit Omega-3-Fettsäuren und vielen Herz-Kreislauf-Erkrankungen. Seefisch wie Lachs oder Makrele sollte daher einen wichtigen Platz auf unserem Speiseplan einnehmen, idealerweise zweimal pro Woche.

Für unsere Gemütslage sind auch B-Vitamine wie Folsäure und B_{12} wichtig. Folsäure ist am Stoffwechsel von Methionin, einem Nerveneiweißstoff, beteiligt. Dabei entstehen Serotonin und Noradrenalin. Serotonin ist als eines der „Glückshormone" bekannt und auch Noradrenalin hat eine positive Wirkung auf unsere Stimmung. Folsäure bekommt unser Körper zum Beispiel, wenn wir Vollkorngetreide, Linsen, Eigelb, Kopf- oder Endiviensalat und Brokkoli essen. Vitamin B_{12} steckt ebenfalls in Eigelb, außerdem in Fischen wie Forelle, Hering und Makrele, Milch oder Hühnchen. Auch Vitamin C, Magnesium und Mangan sind an der Entstehung des Stimmungshormons Noradrenalin beteiligt. Frisches Obst, grünes Blattgemüse, Nüsse und Vollkornprodukte sorgen für Nachschub.

Welche Rolle spielt das Essen? ⑩

Konzentriert mit der richtigen Ernährung?

Kohlenhydrate werden in Glukose umgewandelt und diese braucht auch das Gehirn, um leistungsfähig zu sein. Allerdings ist es wichtig, dass das Gehirn ständig kleine Mengen davon enthält. Das gelingt durch den Verzehr von Vollkornprodukten, Hülsenfrüchten und Gemüse. Sie werden nur langsam abgebaut und versorgen das Gehirn so kontinuierlich mit Energie. Dadurch steigt die Konzentrationsfähigkeit. Vollkornhaferflocken im Müsli und für die Pause ein Vollkornbrot mit Gurke und Tomate sind ideal, um die Konzentration von Schulkindern zu fördern.

An der Umwandlung der Kohlenhydrate in Energie sind bestimmte Vitamine wie zum Beispiel B_1 beteiligt. Vitamine liefern zwar selbst keine Energie – ohne Vitamine würden wir uns dennoch schlapp und unglücklich fühlen, weil sie an der Energiegewinnung beteiligt sind. Vitamin B_1 erhält unser Körper durch den Verzehr von Getreideprodukten, Nüssen, Trockenfrüchten und Schweinefleisch. Vitamin B_2 wirkt vor allem daran mit, eine Schutzschicht um die Nervenstränge zu bilden. Es steckt in Gemüse, Obst, Fleisch und Milchprodukten.

Entspannt schlafen

Guter Schlaf ist wichtig für Kinder und Erwachsene, weil im Traum die Erfahrungen und Erlebnisse des Tages verarbeitet werden. Nach einem erholsamen Schlaf sind wir am Morgen frisch für neue Taten.

Auch der Schlaf wird von verschiedenen Stoffen und Hormonen gesteuert. In komplizierten Prozessen wird im Gehirn der Eiweißbaustein Tryptophan zu Serotonin verarbeitet. Aus diesem wiederum entsteht das Schlafhormon Melatonin. Beteiligt an diesen Prozessen sind die Vitamine B_6, B_3 und C. Die Aufnahme dieser Vitamine sollte schon tagsüber durch den Verzehr von Vollkornprodukten als Lieferanten für Vitamin B_3 und B_6 sowie frischem Obst als Vitamin-C-Spender erfolgen. Vitamin B_3 bekommen wir außerdem zum Beispiel durch Erdnüsse oder Geflügel geliefert, Vitamin B_6 ist zum Beispiel in Eigelb, Sojamehl, Mandeln, Spinat oder Pilzen enthalten.

Ach so! – Brauchen wir zugesetzte Vitamine?

Von vielen Vitaminen oder Spurenelementen wissen wir heute, wofür der Körper sie braucht. Das kann dazu führen, dass wir Angst haben, zu wenig von diesen Stoffen zu uns zu nehmen. Es gibt Menschen, die deshalb zu Tabletten greifen oder zu industriell hergestellten Lebensmittelzusätzen, die diese Stoffe enthalten. Das ist bei gesunden Menschen aber nicht nötig und nach neueren Erkenntnissen häufig sogar schädlich.

Mahlzeiten strukturieren den Tag

Essen sollte von Anfang an in einer gemütlichen, angenehmen Atmosphäre stattfinden. Sobald das Kind auf seinem Hochstuhl am Tisch sitzen kann, genießt es beim Essen die Gemeinschaft der Familie. Gemeinsame Mahlzeiten sind ein Treffpunkt aller Familienmitglieder und geben dem Tag eine verlässliche Einteilung. Planung vereinfacht einen Tag mit Kindern. Feste Rituale und klare Strukturen vermitteln Sicherheit und Halt. Drei regelmäßige Mahlzeiten – so oft wie möglich mit der ganzen Familie – geben einen Rahmen vor und teilen den Tag in Zeiten „vor dem Mittagessen", „nach dem Mittagessen" oder „nach dem Abendessen" ein.

Wann ich glücklich bin: wenn ich mit Mama kuscheln kann und wenn ich mich auf das Essen freue. – Jasmin, 8 Jahre, Zuschrift eingeschickt von Mutter Hanka Nikolov, Hannover

Statt spontan ein Essen zu improvisieren, wenn der Hunger kommt, lässt sich schon am Morgen planen, was zu kaufen ist, wann gekocht und wann was gegessen wird. Der Mehraufwand durch die Planung und Strukturierung des Tages lohnt sich, weil die Kinder dadurch besser ernährt werden. Hungrige Köche greifen eher zu schnellen Alternativen. Außerdem trägt das Ritual regelmäßiger Mahlzeiten dazu bei, Ruhe und Verlässlichkeit in den Alltag zu bringen – und das wirkt sich auf die Kinder aus.

Gelassenheit ist Trumpf ...

Kinder erkennen schnell, wenn ihre Eltern in Bezug auf die Ernährung unsicher sind, und nutzen ihre Macht bald aus, indem sie jede Mahlzeit zu einer Nervenprobe machen. Besonders im Kleinkind- und Kindergartenalter lehnen Kinder neue Nahrungsmittel oft strikt ab. Das Vorbild der anderen

Welche Rolle spielt das Essen? 🔟

Familienmitglieder, die bei den gemeinsamen Mahlzeiten viele verschiedene Dinge essen, hilft mehr als alle verzweifelten Versuche, dem Kind eine bestimmte Speise schmackhaft zu machen.

Vorlieben für einige Nahrungsmittel sollten auch nicht dazu führen, dass Eltern nur noch die wenigen Dinge kochen, die ihr Kind „duldet" – aus Sorge, es könnte sonst verhungern. Wenn ein Kind von einzelnen Beilagen nichts möchte, dann akzeptiert man das am besten, ohne darüber zu verhandeln. So muss das Kind nicht aus Trotz an seiner Ablehnung festhalten, sondern kann bei nächster Gelegenheit vielleicht doch probieren, wie das unbekannte Nahrungsmittel schmeckt.

Schließlich ist es gut, wenn die Kinder selbst entscheiden, wann sie satt sind, und nicht immer genau die Portion essen müssen, die die Eltern für angemessen halten. Kinder zum Essen zu zwingen, weil der Teller noch nicht leer ist, sollte der Vergangenheit angehören. Nur so lernen Kinder, die Signale ihres Körpers zu erkennen.

Das hab ICH gekocht!

Gemeinsam zu kochen, ist eine wunderbare Möglichkeit für Kinder, ihre Selbstwirksamkeit zu erleben. Schon kleine Kinder können helfen, etwa beim Kleinschneiden von Gemüse oder beim Waschen von Kräutern und Salat. Beim Kochen erleben Kinder ganz konkret, was sie schon zum Wohl der Familie beitragen können – und das stärkt das Selbstwertgefühl und das Selbstbewusstsein.
Vom Aussuchen des Rezeptes über das Einkaufen bis zum Kochen und Servieren – einen Teil dieser wichtigen Aufgaben anvertraut zu bekommen, erleben Kinder als Anerkennung. Bedingung ist, dass sie wirklich selbst aktiv sein können und sich die erwachsenen Begleiter nur dann einmischen, wenn es um die Sicherheit der Kinder geht – etwa am Herd oder beim Umgang mit Messern.

> *Vor 2 Jahren zum ersten Mal und dieses Jahr wieder machten wir Eltern in den Schulferien 4 Tage Elternzeit auswärts. Die Kinder waren beim ersten Mal einverstanden und dieses Jahr wünschten sie sich, dass wir sie sich alleine versorgen ließen, ohne fremde Hilfe. Sie besprachen sich miteinander, wer wann Essen zubereitet, und verteilten die notwendigen Aufgaben unter sich. Es klappte alles sehr gut. Sie schätzten unser Vertrauen in sie und erlebten, dass sie sich etwas zutrauen können.*
> – Andrea und Christian Hartmann, Terlan (Italien), fünf Kinder zwischen 7 und 19 Jahren

Regeln, Grenzen und Rituale – Erziehung muss sein

Wie wichtig sind Regeln und Rituale?

„Darf ich heute länger aufbleiben?" oder „Ich will aber noch weiterspielen", das hören Eltern so oder ähnlich immer wieder. Wir müssen darauf reagieren – und schon sind wir mittendrin in der Erziehung. Manchmal sind wir dabei unsicher, was denn nun die richtige Schlafenszeit ist oder ob das noch nicht beendete Spiel tatsächlich abgebrochen werden soll.

Regeln, Grenzen und Rituale dürfen und sollen sein. Sie geben Kindern, aber auch Eltern, Sicherheit im Alltag. Ist erst einmal eine Fernseh- oder Schlafenszeit festgelegt, können sich alle leichter daran orientieren. Grenzen und Rituale stellen eine Unterstützung für Familien und alle dar, die mit Erziehung zu tun haben. Sie vermitteln Stabilität, Geborgenheit und Zugehörigkeit. Wenn sich alle an eine Regel halten, erzeugt das Gemeinschaft und Stärke – das fördert das Zusammengehörigkeitsgefühl und sorgt für ein gutes Miteinander.

Seien Sie also in Ihrer Erziehung bestimmt und konsequent – das ist oft anstrengend und fordert Geduld. Auf lange Sicht gesehen, lassen sich so aber viele Schwierigkeiten leichter lösen oder sogar vermeiden. Konsequente Erziehung meint nicht, dass Sie hart zu Ihrem Kind sind und es ständig bestrafen. Vielmehr geht es darum, ihm Sicherheit und Zuverlässigkeit zu vermitteln. Dann lernt es, eigenständige Entscheidungen zu treffen. Wenn Sie konsequent handeln, kann sich Ihr Kind auf Sie verlassen und schon im Voraus leichter einschätzen, wie Sie reagieren werden. Das entspannt so manche knifflige Situation im Alltag, wie beispielsweise das Zubettgehen.

Schon kleine Kinder mögen Wiederholungen und rufen oft „Nochmal, nochmal, nochmal …", wenn ihnen etwas gefallen hat. Sie prägen sich dadurch Abläufe ein und werden in ihrem eigenen Handeln sicherer. Das bleibt auch bei älteren Kindern bestehen. Sie lieben Rituale und freuen sich darauf, weil sie einschätzen können, was geschehen wird. Außerdem mögen sie die mit Ritualen oft verbundene schöne Stimmung.

Regeln, Grenzen und Rituale

Kinder lieben die Wiederholungen. ... Musik machen und singen befähigt die Kinder, ihren Gefühlen Ausdruck zu geben, und es kann helfen, Spannungen abzubauen. So wird der Nachhauseweg vom Kindergarten auch nicht langweilig, wenn ich mit dem müden Kind unterwegs das Lied singe: „Heut ist ein Tag, an dem ich hüpfen kann ..." und selbstverständlich mache ich auch mit! – Martina Rathmann, Nordwalde, drei Töchter (18, 16 und 13 Jahre); Tagesmutter von 1- bis 4-jährigen Kindern

Regeln geben Sicherheit

„Wenn du dein Zimmer aufgeräumt hast, darfst du dir aus Mamas Bastelkiste einen besonderen Aufkleber aussuchen" – klare Aussagen wie diese geben Ihrem Kind Sicherheit, wie es sich verhalten soll und was zu tun ist. Gerade für jüngere Kinder bringt jeder Tag neue Eindrücke und Erfahrungen. Kinder lernen ständig Neues kennen; da ist es hilfreich, durch Regeln eine Orientierung zu bekommen. Schön ist, wenn Ihr Kind den Sinn von Regeln begreift. Dann wird es sich leichter daran halten. Nehmen Sie sich also im Alltag etwas Zeit für das Erklären von Regeln. Dabei sollte natürlich nicht jede Handlungsaufforderung auch gleich mit einer Belohnung winken.

In Regeln stecken oft auch Konsequenzen. Wenn Ihr Kind das Zimmer nicht aufräumt, entfällt in der Konsequenz auch das Aussuchen des Aufklebers. Regeln unterstützen Sie also, denn Sie müssen sich nicht erst dann überlegen, was geschieht, wenn das Zimmer unaufgeräumt bleibt. So bringen Regeln für alle Entspannung im oft hektischen Alltag. Am besten vermitteln Sie Ihrem Kind die Anweisungen konkret und direkt. „Räum bitte jetzt dein Zimmer auf!", ist eine deutliche Aufforderung. Stellen Sie dagegen Ihrem Kind die Frage: „Würdest du mal dein Zimmer aufräumen?", kann Ihr Kind diese Frage einfach verneinen. Bleiben Sie also so konkret wie möglich – Anweisungen kann man auch freundlich äußern; der Ton macht die Musik.

Manche Kinder träumen oft vor sich hin oder sind so in ihr Spiel vertieft, dass sie Ihre Anweisungen gar nicht mitbekommen. Am besten suchen Sie für Anweisungen oder das Erklären von Regeln die Aufmerksamkeit Ihres Kindes. Das gelingt, wenn Sie beispielsweise „auf Augenhöhe" mit Ihrem Kind gehen: Sitzt es am Tisch, können Sie sich dazusetzen. Spielt es am Boden, gehen Sie in die Hocke. Augenkontakt ist wichtig. Er vermittelt dem anderen: Meine Aufmerksamkeit gehört jetzt ganz dir. Berührungen wie ein Handauflegen auf die Schulter zeigen Ihrem Kind ebenfalls deutlich, dass Sie etwas zu sagen haben. Außerdem wirken die Anweisungen dann weniger „von oben herab", denn aus der Sicht von kleinen Kindern erscheinen die Erwachsenen groß – das kann einschüchternd wirken.

Die Bedeutung von Konsequenzen

Konsequenzen müssen nicht immer Verbote oder Strafen sein. Sie sind zunächst einmal eine logische Folge – als Reaktion auf das Handeln Ihres Kindes. Das kann positiv, aber auch negativ sein. Wenn Sie zum Beispiel mit Ihrem Kind absprechen, dass Sie gemeinsam auf den Spielplatz gehen, wenn es das Zimmer ordentlich aufgeräumt hat, kann Ihr Kind entscheiden, was passiert. Räumt es das Zimmer gut auf, folgt als logische positive Konsequenz der Spielplatzbesuch. Vielleicht kann sich Ihr Kind dann noch aussuchen, ob das Nachbarskind auch dazu eingeladen wird. Entscheidet sich Ihr Kind gegen das Aufräumen, ist die logische Konsequenz, dass an diesem Tag der Spielplatzbesuch ausfällt. Natürlich sollte Ihr Kind die von Ihnen geforderte Aufgabe selbstständig lösen können. Ein dreijähriges Kind wird es nicht ohne Anleitung und Mithilfe schaffen, das Kinderzimmer komplett aufzuräumen.

Wenn es um eine Aufgabe geht, von der Sie bereits wissen, dass sich Ihr Kind gerne davor drückt, können Sie auch Tätigkeiten, die später am Tag stattfinden sollen, beim Nichterledigen „streichen". Vereinbaren Sie beispielsweise mit Ihrem Kind, dass es am Nachmittag den Müll zur Tonne bringt, können Sie direkt darauf hinweisen, dass die spätere gemeinsame Spielrunde kürzer wird, wenn der Müll bis zum Abendessen immer noch nicht in der Tonne ist.

Für die richtige Wahl der Konsequenzen braucht es etwas Übung. Sie sollen für Ihr Kind verständlich und überschaubar sein. Eine Androhung am Montag, dass am Samstag der Familienausflug ausfällt, ist gerade für jüngere Kinder kaum richtig einzuschätzen. In der Zeit von Montag bis Samstag geschieht so Vieles im Alltag, dass der Bezug zur Montagssituation in Vergessenheit gerät. Außerdem sind an einem Familienausflug alle beteiligt, direkte Konsequenzen aber nur passend, wenn sie sich an das betreffende Kind richten. Vielleicht hätten Sie oder die Geschwisterkinder ja auch Lust auf den nun gestrichenen Familienausflug gehabt – schade also, wenn dann – konsequenterweise – alle zu Hause bleiben müssen.

Jede angesprochene Konsequenz ist nur wirksam, wenn Sie sie auch tatsächlich umsetzen. Kinder merken schnell, wenn Ankündigungen unrealistisch sind oder ihnen keine Taten folgen. Ihre Verlässlichkeit zeigt sich Ihrem Kind auch in der Art und Weise, wie Sie mit angekündigten Konsequenzen umgehen. Manchmal fällt es schwer, die angekündigten Konsequenzen einzuhalten. Kinder sind gut darin, gerade an diesem Punkt zu „bohren" und immer wieder zu fragen. Das erfordert Geduld. Aber wenn Ihr Kind erst einmal verstanden hat, dass Sie zuverlässig sind, wenn es sich an die vereinbarten Abläufe hält, wird das immer besser klappen.

Achten Sie außerdem darauf, dass durch die Konsequenzen – positive wie negative – der kindgerechte Alltag erhalten bleibt. Bewegung, frische Luft und Kontakt zu anderen Kindern sollten in jedem Fall weiterhin möglich sein. Wählen Sie bei in Aussicht gestellten Belohnungen daher stets Konsequenzen, die Ihrem Kind Spaß machen, auf die es aber auch gut mal verzichten kann. Dagegen verringert häufiger Hausarrest als Strafe die gemeinsam mit Freunden verbrachte Zeit und verlängert womöglich noch die Zeit, die ihr Kind beispielsweise zu Hause vor dem Computer verbringt.

Konsequenzen sollten auch alters- und zeitgemäß sein. „Wenn du jetzt nicht lieb bist, gehst du ins Bad, bis du dich beruhigt hast" versteht ein kleines Kind nicht; der Zusammenhang ist nicht altersgemäß. Auch die Konsequenz „Iss jetzt ordentlich, sonst nehme ich dir das Essen weg" ist gerade für kleine Kinder nicht nachvollziehbar.

Eltern sind Vorbilder

Kinder beobachten ihr Umfeld genau, sie nehmen auch die Eltern „unter die Lupe". Es ist ganz normal, dass Ihr Kind prüft, wie Sie selbst mit aufgestellten Regeln umgehen. Wenn Sie zum Beispiel von Ihrem Kind möchten, dass es die Schuhe vor der Tür auszieht, wird es sofort bemerken, wenn Sie selbst einmal mit schmutzigen Schuhen in die Wohnung laufen – auch wenn Sie vielleicht nur schnell etwas holen wollen.

> *Ich habe erkannt: Alles beginnt mit Vorleben. Ich bin sein Vorbild! Alles, was ich mache, möchte er auch! Das nutze ich! Wenn ich also möchte, dass er aufräumt, dann fange ich einfach fröhlich an, zu sortieren, rede mit mir selbst und frage zum Beispiel: „Ich habe ganz vergessen, wo die Bausteine hingehören, ist die Kiste verschwunden?" Und siehe da, er holt die Kiste und hilft! ... Statt lange Erklärungen abzugeben, handle ich und das zeigt bis heute Wirkung!* – Rita Greine, Marl, ein Sohn (3 Jahre)

Sie sind für Ihr Kind Vorbild. Das heißt nicht, dass Sie keine Fehler machen dürfen. Gerade wenn mal etwas nicht klappt, ist es zwar unangenehm, vom eigenen Kind darauf aufmerksam gemacht zu werden. Es bietet aber eine gute Gelegenheit, Regeln zu besprechen. „Ach richtig, jetzt habe ich selbst vergessen, die Schuhe vor der Tür auszuziehen" – das zeigt Ihrem Kind, dass wir alle mal eine Regel übersehen und sie wieder neu lernen können. Das motiviert, die Regeln einzuhalten. Wenn Sie selbst nicht perfekt sind, fällt es Ihrem Kind leichter, sich auf die vereinbarten Regeln einzulassen.

Das bedeutet nicht, dass alle Regeln für alle Familienmitglieder gleichermaßen gelten müssen. Die Schuhe vor der Tür können alle ausziehen. Bei den Schlafenszeiten dagegen können Sie gut vermitteln, dass es für Kinder andere Zeiten gibt als für Erwachsene.

Mitmach-Idee für Eltern: Regelplakat

Sie können ein Aufgaben- oder Regelplakat aufhängen. Darauf stehen die momentan wichtigen Regeln, die mit allen besprochen sind, zum Beispiel:

- Wir räumen abends unsere Zimmer auf.
- Wir stellen unsere Teller nach dem Essen an die Spüle.
- Wir ziehen unsere Schuhe vor der Tür aus.

Oder das Plakat benennt die Verteilung der Aufgaben, die ein Familienmitglied auch für die anderen übernimmt, wie zum Beispiel:

Papa: Spülmaschine ausräumen
Mama: Wäsche aufhängen
Tom: Müll rausbringen
Sophie: Treppe fegen

Dabei geht es nicht darum, alle Regeln und Aufgaben aufzulisten, sondern zu zeigen, dass sich alle in der Familie beteiligen. Auch hier sind Sie Vorbild, an dem sich Ihre Kinder orientieren. Und es fällt ihnen sicher leichter, sich so an die Vorgaben zu halten. Kleine, selbst gefertigte Illustrationen zu den jeweils aufgelisteten Regeln erhöhen die Identifikation der Kinder mit den genannten Regeln oder Aufgaben.

Regeln, Grenzen und Rituale

Auch wenn alle in der Familie gemeinsam die Regeln besprechen, ist es Ihre Aufgabe als Elternteil, diese vorzugeben und auch zu überprüfen. Sie sind erwachsen und Ihr Kind braucht Ihre Unterstützung, damit es lernt, sich zurechtzufinden. Nur so wird es auch für sich und sein Leben später selbst Regeln aufstellen und einhalten können. Haben Sie daher keine Bedenken, sich gelegentlich unbeliebt bei Ihrem Kind zu machen – das gehört beim Durchsetzen von Regeln dazu. Ihr Kind reagiert vielleicht zunächst zornig. Das darf es auch, denn es muss nicht mit allem einverstanden sein, was Sie vorgeben. Wenn Sie konsequent bleiben, wird der Ärger bald verflogen sein und Ihr Kind Ihrer Maßgabe folgen. Gegenseitiges Vertrauen ist hier ein wichtiges Schlüsselwort. Ihr Kind sollte wissen und spüren, dass Sie auf die Einhaltung von Regeln letztlich nur pochen, weil Ihr Kind und sein Wohlbefinden Ihnen wichtig sind.

Diskussionen willkommen!

Wohl in jeder Familie gibt es Diskussionen, gerade um die Nutzung von Medien. „Wie lange darf ich heute fernsehen? Kann ich jetzt mein Computerspiel spielen?" sind häufig gestellte Fragen von Kindern, bei denen ihre Vorstellungen von denen der Eltern sehr abweichen. Dabei kommt es zu Reibungen – das ist ganz normal. Auch hier helfen Regeln, damit aus Diskussionen kein böser Streit wird. Überlegen Sie sich, welche Fernseh- und Computerzeiten Sie für angemessen halten, und stellen Sie dementsprechende Regeln auf.

Wie viel Bildschirm darf sein?

Wie lange Kinder elektronische Medien nutzen sollten – dazu gibt es keine Faustregeln, aber pädagogische Empfehlungen. So sollten Kinder bis 4 Jahre gar nicht fernsehen, Kinder unter 5 Jahren nicht im Internet surfen. Eltern sollten unbedingt im Blick behalten, dass sich die Zeiten, die Kinder vor TV- oder PC-Bildschirmen, Spielekonsolen und Displays mobiler Geräte verbringen, addieren. Wenn der Fernseher aus-, der PC dafür aber eingeschaltet wird, ist das keine echte Alternative – der Besuch auf dem Sportplatz dagegen schon.

Wie viel Zeit Kinder vor einem Bildschirm verbringen, ist letztlich weniger wichtig als vielmehr die Frage nach dem Was und dem Warum. Schließlich sind Recherchen im Internet für Schulkinder heute oft schon Bestandteil der Hausaufgaben. Eltern sollten sich jedoch fragen: Haben die Kinder eine sinnvolle Alternative zur Gestaltung ihrer freien Zeit? Treffen sie sich mit Freunden, machen sie Sport, lesen sie gern Bücher oder spielen sie ein Instrument? Dann sind Bildschirmmedien als ein kleiner Bestandteil im Mix der Möglichkeiten in Ordnung.

In unserer Familie hat sich sehr positiv bewährt: Zu Schulzeiten bleibt der Fernseher von Montag bis Donnerstag komplett aus, lediglich die Kindernachrichten logo (10 Min.) dürfen geschaut werden. Das fanden meine Kinder anfangs natürlich „total ungerecht", denn alle anderen Kinder dürfen „alles anschauen". Aber inzwischen haben sie sich daran gewöhnt und vermissen nichts mehr. Dadurch bleibt mehr Zeit für Hausaufgaben, Lesen, Kreativsein.
– Tanja Wommelsdorf, Wiernsheim, zwei Töchter (13 und 11 Jahre)

Wenn die aktuelle Lieblingssendung beispielsweise eine halbe Stunde dauert, ist es unpassend, eine Fernsehzeit von 20 Minuten festzulegen. Ihr Kind müsste die Sendung dann stets vorzeitig ausschalten, ohne das Ende erlebt zu haben. Lassen Sie Ihr Kind innerhalb des von Ihnen vorgegebenen Rahmens möglichst selbst bestimmen, was passiert. Vielleicht darf Ihr Kind unter drei von Ihnen ausgesuchten Spielen wählen. Dann sind Ihre Regeln nicht nur „von oben herab" vorgegeben, sondern Ihr Kind gestaltet mit und wird sich besser daran halten.

Trotzdem wird es immer wieder Diskussionen um dieses Thema geben – und das ist gut so. Ihr Kind lernt in der Auseinandersetzung, eine eigene Meinung zu bilden und mit Grenzen umzugehen. Außerdem sind die Regeln nicht für die Ewigkeit festgelegt. Lassen Sie sich von Ihrem Kind überzeugen, dass es irgendwann auch mal etwas länger fernsehen darf, zum Beispiel, weil es älter geworden ist und die Regeln entsprechend neu ausgehandelt werden. Das muss nicht im Streit geschehen. Faire Diskussionen können richtig Spaß machen.

Die beste Methode, Kinder vom Bildschirm wegzulocken, sind neben geplanten Freizeitaktivitäten spannende, spontane Beschäftigungsideen: ein Federballmatch, Drachen steigen lassen, gemeinsam etwas Leckeres backen oder, oder, oder ... Eltern wissen meist sehr gut, woran ihre Kinder Spaß haben und wie sie ihr Interesse wecken können.

Regeln und Kreativität – ein Widerspruch?

Rituale, Regeln und Grenzen sind Handlungsvorgaben, die wir Eltern unseren Kindern vorgeben. Schränkt das die Kreativität ein?

Wiederkehrende Abläufe geben unseren Kindern Sicherheit, wie sie sich im Alltag verhalten sollten. Die Kinderwelt ist riesengroß; übermäßig viele Eindrücke und Entscheidungsmöglichkeiten führen nicht selten zu Überforderung. Die Frage „Was willst du heute machen?" kann gerade bei kleineren Kindern eine Fülle von Gedanken auslösen, die sie manchmal nur schwer ordnen und einschätzen können: Mit Mama ein Buch lesen? Ein Eis essen? Die Oma besuchen? Ein Schiff bauen? ...

Entscheidet sich Ihr Kind dann vielleicht für den Besuch bei der Oma, die aber weiter weg wohnt und nicht ohne vorherige Planung und Ankündigung besucht werden kann, ist die Enttäuschung groß, wenn das nicht geht. Geben Sie stattdessen einen Handlungsrahmen vor, fällt es Ihrem Kind leichter, Entscheidungen zu treffen und sich innerhalb dieses Rahmens frei zu entfalten.

„Wir haben jetzt noch zwei Stunden Zeit, bis wir das Abendbrot vorbereiten. Das Wetter ist so schön und wir gehen jetzt raus. Hast du eine Idee, wohin wir mit dem Fahrrad fahren könnten?" Sie geben damit einen zeitlichen Rahmen vor und sorgen für frische Luft und Bewegung. Ihr Kind darf aber kreativ entscheiden, wohin es fahren möchte. Und vielleicht entdecken Sie bei der gemeinsamen Radtour einen neuen schönen Ort oder treffen spontan Freunde auf dem Spielplatz.

Auch wenn Sie einen Handlungsrahmen vorgeben, bleibt ausreichend Platz für Kreativität und Fantasie. Ihr Kind kann besser einordnen, wie der Tag verlaufen wird. So hat es die nötige Sicherheit und Motivation, etwas Neues auszuprobieren. Das stärkt das Selbstvertrauen, Ihr Kind hat das Gefühl, dass es etwas „schaffen kann". Spätestens zum Abendessen geht dann alles wie gewohnt weiter.

> *Fotoalbum: Meine Tochter bekommt zu jedem Geburtstag ein neues „Lebens-Kapitel" geschenkt. Abends ersetzt es zeitweise das Bilderbuch. Meine Tochter kann darin sehen, wie sie gewachsen ist, was sie gelernt hat, wer zu ihr gehört ... also wer sie ist.* – Sonja Hahn, Jena, eine Tochter (3 Jahre)

Das „Gute Nacht"-Ritual

Wir alle brauchen Schlaf; unsere Kinder ganz besonders. Im Schlaf ruhen sie sich von den vielen Dingen aus, die sie am Tag aufgenommen und gelernt haben. Träume helfen, die Eindrücke zu verarbeiten, und auch der Körper tankt neue Kraft für den kommenden Tag. Ausreichend Schlaf ist die beste Voraussetzung, um wieder aufnahmebereit für Neues zu sein und sich konzentrieren zu können.

Doch manchmal ist der Weg bis zum Einschlafen anstrengend und schwierig. „Gute Nacht"-Rituale können hier helfen. Sprechen Sie mit Ihrem Kind einen bestimmten Ablauf ab, bis es im Bett liegt. Umziehen, Waschen, Zähne putzen und vielleicht das Kuscheltier ins Bett packen gehören dazu. Gerade am Abend ist es bei uns allen mit Geduld nicht allzu gut bestellt. Eine feste Reihenfolge ist daher nicht nur für Ihr müdes Kind eine gute Anleitung, was zu tun ist. Auch Sie selbst müssen dann nicht immer neu überlegen, ob denn schon die Zähne geputzt sind oder erst noch der Schulranzen gepackt werden muss. Schön, wenn Ihr Kind mit der Zeit lernt, immer mehr dieser Aufgaben selbstständig zu erledigen. Das fördert die Eigenständigkeit und entlastet alle.

Zu einem Ritual gehören aber nicht nur wiederkehrende Abläufe, sondern auch verlässliche positive Empfindungen. Wenn Ihr Kind im Bett liegt, können Sie Ihr ganz eigenes „Gute Nacht"-Ritual schaffen. Der Sinn besteht darin, dass Ihr Kind möglichst gut vom Tag abschalten kann, zur Ruhe kommt und entspannt einschläft. Wenn Sie gerne singen, ist das gerade bei kleinen Kindern ein wunderbares Mittel zur Beruhigung. Sie können aber auch eine Geschichte erzählen oder vorlesen. Für manche Kinder ist es gut, wenn sie vor dem Schlafengehen die Möglichkeit haben, das Geschehene des Tages noch einmal zu besprechen. Für andere Kinder dagegen kann das eher aufregend wirken. Dann ist es sinnvoller, dafür einen anderen Zeitpunkt tagsüber zu wählen.

Wir lassen den Tag Revue passieren. Einer von uns startet und fragt einen anderen: „Was war das Schönste heute?" Der andere antwortet. Die nächste Frage, die er gestellt bekommt, lautet: „Was war das Blödeste heute?" Nach der Antwort darf er wiederum beide Fragen an einen anderen stellen. So geht es reihum, bis jeder einmal dran war. Schön ist, dass wir durch unser Ritual auch erfahren, was die anderen gerade beschäftigt, was sie erlebt haben und womit oder mit wem sie sich gerade auseinandersetzen. – Familie Hayduk, Coesfeld, zwei Töchter (8 und 6 Jahre)

Regeln, Grenzen und Rituale

Wenn Ihr Kind sich Sorgen macht oder Angst hat, können Sie das gemeinsam dem Kuscheltier erzählen. Das passt als zuverlässiger und vertrauter Begleiter ja schließlich die ganze Nacht auf … Ein gemeinsamer „Gute-Nacht-Spruch", das Vorspielen von Musik oder kleinen Geschichten – das können solche Rituale sein. Und ganz wichtig: Körperkontakt. Kuscheln, Streicheln, kurz gemeinsam unter die Decke huschen oder eine leichte Rückenmassage vermitteln das Gefühl von Geborgenheit und Nähe. Ein Kind, das sich wohlfühlt, schläft auch besser ein.

> *Wir haben ganz klare Regeln und Grenzen, auch Rituale, die bei uns eingehalten werden, weil wir gemerkt haben, dass sich vor allem unser Großer wohler fühlt, wenn er eine klare Linie hat, an die er sich halten kann. … Bei uns ist sozusagen der Alltag immer mehr oder weniger gleich. Wir haben schnell gemerkt, dass unseren Kindern genau das guttut. … Zum Einschlafen lesen wir eine Geschichte vor, hören zusammen ein Hörspiel (meist nicht fertig) oder ich singe Schlaflieder. Die Kleine liebt es, beim Einschlafen auf dem Rücken gestreichelt zu werden und dabei Kinderreime aufgesagt zu bekommen. Spätestens um 8 Uhr ist dann alles ruhig.* – Silvia Ost, Lahr, zwei Kinder (4 und 2 Jahre)

Ein „Gute Nacht"-Ritual mit Ihrem Kind braucht nicht viel Zeit in Anspruch zu nehmen. Aber diese Zeit sollte nur Ihrem Kind und Ihnen gehören. Also möglichst kein Telefonat zwischendurch oder noch ein Spiel. Kinder sind kreativ, wenn es darum geht, die Schlafenszeit hinauszuzögern.

Auch beim „Gute Nacht"-Ritual kann Ihr Kind sich mit der Zeit selbst einbringen. Wenn Sie beispielsweise Geschichten vorlesen und Ihr Kind gerade selbst lesen lernt, ist es schön, einen kleinen Textabschnitt gemeinsam zu lesen. Später, wenn Ihr Kind größer ist, kann es dann selbst alleine noch einige Zeit lesen, um zur Ruhe zu kommen. So lernt es auch gleich einen Weg, sich zu entspannen. Und: Der „Gute Nacht"-Kuss darf immer sein.

Eigene Rituale zeichnen Ihre Familie aus. Wenn Ihr Kind in der Schule oder bei Freunden erzählen kann: „Bei uns zu Hause lesen wir immer zusammen eine Gute-Nacht-Geschichte" oder „Nach dem Abendessen machen wir zusammen noch ein Spiel" sind das gute Zeichen, dass sich Ihr Kind seiner Familie zugehörig und darin sehr geborgen fühlt.

Von dir zu mir, von mir zu dir – es geht nur gemeinsam!

Miteinander reden und Signale geben

Ihr Kind kommt zur Tür herein, strahlt Sie an, die Augen glänzen und es berichtet Ihnen aufgeregt, dass es draußen einen besonderen Schmetterling gesehen hat. Beim Erzählen gehen Sie vielleicht in die Hocke, öffnen Ihre Arme und lächeln Ihr Kind an. An diesem kleinen Beispiel zeigt sich, dass wir uns durch Sprache mitteilen, aber auch durch Mimik und Körperkontakt unsere Beziehungen zueinander gestalten.

In alltäglichen Situationen stellen wir Kontakte und Bindungen zwischen den einzelnen Familienmitgliedern her. Vielleicht redet Ihr Kind oft und viel, andere brauchen weniger Worte, um auszudrücken, was sie möchten, dafür aber umso mehr Körperkontakt. Es ist gut, wenn innerhalb der Familie ausreichend Zeit ist, um sich in Ruhe miteinander auszutauschen. Denn gerade bei heiklen Themen fällt uns das Reden oft schwer und braucht Zeit. Sorgen und Ängste können alle Familienmitglieder viel besser in Ruhe miteinander besprechen. Außerdem sind wir geduldiger, wenn wir ausreichend Zeit für Gespräche haben. Es lohnt sich also, einmal darüber nachzudenken, wie wir in der Familie miteinander sprechen und welche Rolle Gestik, Mimik und Körperkontakt dabei spielen.

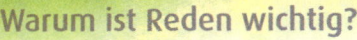

Warum ist Reden wichtig?

Wenn wir mit anderen Menschen sprechen, teilen wir mit, wie es uns geht, und erfahren das auch von den anderen. Alle Familienmitglieder haben unterschiedliche Bedürfnisse. Durch Gespräche finden wir heraus, wie wir gut zusammen leben können und welche Regeln dafür wichtig sind.

Von dir zu mir, von mir zu dir 12

Schon kleine Kinder haben gute Vorstellungen davon, was sie mögen oder brauchen. Ihre Bedürfnisse bringen Kinder zunächst hauptsächlich durch Schreien zum Ausdruck, aber auch durch Signale des Wohlbefindens und der Freude. Später können sie ihre Bedürfnisse konkreter äußern und die Sprache hilft ihnen dabei.

Manche Verhaltensweisen – Schmollen, Quengeln, Sich-Zurückziehen – können darauf hinweisen, dass sich Ihr Kind unwohl fühlt, das aber nicht genau benennen kann. Ängstliches und wütendes Verhalten deuten darauf hin, dass Ihr Kind unsicher ist. Es benimmt sich vielleicht „daneben", oft ein Zeichen von Unwohlsein. Achten Sie daher auf die Gefühle Ihres Kindes und wie es sie zeigt. Fragen Sie nach! Manche Situationen kann es bestimmt alleine gut bewältigen. In anderen ist liebevolle Unterstützung durch die Eltern sinnvoll.

> **Mitmach-Idee: Briefchen oder Pinnwand**
>
> Kommunikation geschieht auch auf anderen Wegen als dem Miteinanderreden. Kurze Botschaften wie „Guten Morgen Langschläfer! Hier sind noch Brötchen für dich!" auf einem Zettel oder eine gemeinsam genutzte Pinnwand können sympathische und liebevolle Kommunikationsmittel sein, die dem anderen auch signalisieren: „Du bist mir wichtig!"

Gemeinsame Mahlzeiten

Innerhalb der Familie sollte klar sein, bei welchen Mahlzeiten alle zusammenkommen – so entwickelt sich daraus ein Ritual, das Sicherheit und Orientierung gibt. Schon die Vorbereitungen für das gemeinsame Essen können ein Gemeinschaftserlebnis sein. Vielleicht kocht der Vater gerne und die Tochter hilft dabei? Während einer Tätigkeit wie beispielsweise dem Gemüseschneiden lässt sich manch unangenehmes Thema leichter „anschneiden".

Das gilt jedoch nicht für das Einnehmen der Mahlzeiten. Denn es soll schließlich schmecken. Einige einfache Regeln schaffen eine entspannte Atmosphäre für den Ablauf des Essens, zum Beispiel:

- Wir fangen gemeinsam an, vielleicht durch einen gemeinsamen Tischspruch.
- Wir beginnen mit dem Essen, wenn alle etwas auf dem Teller haben.
- Wir gehen höflich miteinander um und reichen uns gegenseitig das Essen.
- Wir achten auf Tischmanieren.
- Wir bleiben sitzen, bis alle fertig gegessen haben.

Jeden Abend wird gemeinsam am Tisch ohne Fernsehen Abendbrot gegessen. Das ist ein festes wichtiges Ritual, da das in der Woche die einzige gemeinsame Mahlzeit des Tages ist und man gemeinsam über die Dinge des Tages reden kann, was so jeder erlebt hat, was es in der KITA/Schule zu essen gab und wie sein Tag so war. – Miriam Schwichtenberg, Bad Lauchstädt, zwei Töchter (7 und 3 Jahre)

Ein Ritual, mit dem wir den Tag abschließen, finden wir besonders schön und wertvoll. Es heißt „Die Hand": Daumen nach oben strecken: Was war heute gut? Zeigefinger ausstrecken: Was hat der Tag mir gezeigt? Mittelfinger: Was hat mir gestunken? Ringfinger: Wie habe ich mich heute gefühlt? Kleiner Finger: Was ist heute zu kurz gekommen? – Christina Eufinger, Darmstadt, ein Sohn (5 Jahre)

Wenn Sie ein Gespräch mit Ihrem Kind beginnen, ist es hilfreich, sogenannte „offene Fragen" zu stellen. Während bei „geschlossenen Fragen" nur ein Ja oder ein Nein als Antwort ausreicht, sind offene Fragen eine Art Türöffner für Gespräche, weil sie dem anderen viele Antwortmöglichkeiten bieten. Bei der offenen Frage „Wie war es denn heute in der Schule?" kann Ihr Kind selbst entscheiden, was es von dem vergangenen Schultag erzählen möchte.

Offene Fragen oder W-Fragen sind zum Beispiel:
- Wie war es heute in der Schule?
- Was hast du denn heute Nachmittag gemacht?
- Was hat dir in der Turnstunde am besten gefallen?

Geschlossene Fragen – Ja oder Nein? – sind zum Beispiel:
- Ist dein Zimmer aufgeräumt?
- Geht es dir gut?
- Hast du Hunger?

Im anschließenden Gespräch ist es schön, wenn Sie Ihr Kind darin bestärken, dass es offen über das Erlebte spricht. „Schön, dass du mir von der Lehrerin erzählst. Was war denn genau los?" motiviert Ihr Kind dazu, auch von unangenehmen Situationen zu berichten.

Von dir zu mir, von mir zu dir ⑫

Wie sag ichs meinem Kind?

Die Art und Weise, WIE wir Informationen und Bedürfnisse vermitteln, spielt eine entscheidende Rolle. Alle Eltern sind Vorbilder – auch, wenn es um die Sprache und das Mitteilen geht. Achten Sie darauf, welche Worte Sie verwenden, wenn Sie mit Ihrem Kind sprechen. An den Reaktionen Ihres Kindes können Sie erkennen, ob Sie verstanden worden sind oder ob Sie konkreter werden sollten.

Beobachten Sie also Ihr Kind und wie es auf Ihre Sprache und die Gesten reagiert – Sie werden erstaunt sein, was Sie dabei entdecken. In der einleitend geschilderten Situation mit dem Schmetterling wird Ihr Kind sich vermutlich begeistert weiter mitteilen, weil es sich durch Ihre Zuwendung Ihrer Aufmerksamkeit sicher ist. Vielleicht fragen Sie nach: „Welche Farben hat denn der Schmetterling? Kennst du seinen Namen?" Ihr Kind wird gerne Genaueres schildern und sich freuen, etwas Schönes entdeckt zu haben.

Durch die Sprache lernen unsere Kinder, ihre Gefühle zu beschreiben und damit eigene Bedürfnisse zu äußern. Begleiten Sie Ihr Kind dabei. Auch hier sind Sie Vorbild. Wenn Sie klar Ihre eigenen Bedürfnisse benennen, kann ihr Kind das von Ihnen lernen. Aussagen wie „Ich bin wütend, weil ..." oder „Das habe ich jetzt gesagt, weil ich traurig bin" geben Ihrem Kind eine Orientierung, wie es Ihnen geht. So kann es Ihre Aussagen leichter verstehen und lernt dabei, wie sich Gefühle ausdrücken lassen.

Sie können auch spielerisch das Beschreiben von Situationen und Emotionen üben. Dafür eignen sich zum Beispiel Memory-Kärtchen oder Spielkarten mit Bildern. Karte für Karte besprechen Sie mit Ihrem Kind, was darauf zu sehen ist. Lassen Sie ihr Kind beginnen und beschreiben, was es erkennt, zum Beispiel: „Da sind ein Junge und ein Apfelbaum." Fragen Sie dann bei Ihrem Kind weiter nach, zum Beispiel „Was könnte der Junge an dem Apfelbaum wollen?" – „Er möchte Äpfel pflücken, aber er hat ja gar keine Leiter ... ." So können Sie dann weiter thematisieren, wie es dem Jungen wohl gehen könnte, wenn er nicht an die Äpfel herankommt und was er wohl tun kann. Ihr Kind wird auf spielerische Art lernen, sich mit Situationen und Gefühlen auseinanderzusetzen. Aber auch Sie werden von Ihrem Kind viel erfahren über seine Ansichten und Ideen.

Und wenn Ihr Kind so gar nicht aus sich herausgehen kann oder möchte: Plüschtiere eignen sich bestens als Mittler. Teddy, Hase Hoppel oder Puppe Ottilie fragen dann Ihr Kind, was es bedrückt. Sie erhalten garantiert eine Antwort …

> **Mitmach-Idee für Eltern und Kinder: Rollentausch**
>
> Eine schöne Möglichkeit, die Bedürfnisse der anderen kennenzulernen, ist ein Rollentausch: An einem Samstag tauschen Eltern und Kinder für einen vereinbarten Zeitraum die Rollen. Oder die Erwachsenen und die Kinder tauschen jeweils untereinander die Rollen. Es ist spannend zu erleben, wie sich die anderen als „ich" verhalten. Was nehmen die anderen von mir wahr? Wie sehen sie mich? Und auch umgekehrt fühle ich mich besser in die anderen ein, wenn ich ausprobiere, wie sie sich verhalten. Nach dem Rollentausch erzählen alle, wie es ihnen ergangen ist und was sie erlebt haben.

Mit dem Körper sprechen

Zuneigung und Zärtlichkeit sind für gegenseitiges Vertrauen enorm wichtig. Eine Umarmung zeigt Ihrem Kind, dass es in Ihrer Familie sicher und geborgen ist. Wenn wir sprechen, ist unser Körper stets mit einbezogen. Durch Gestik und Mimik verleihen wir unseren Gefühlen Ausdruck. Es ist beispielsweise ein Unterschied, ob ich mich als Elternteil vor meinem Kind „aufbaue" und es mit lauter Stimme und erhobenen Armen ausschimpfe oder ob ich in die Hocke gehe, mein Kind am Arm berühre und direkt anspreche. In beiden Fällen wird Ihrem Kind die Ernsthaftigkeit der Situation klar werden, aber durch eine Berührung und den Blickkontakt auf Augenhöhe wirkt das Ganze weniger beängstigend.

Drücken, Schmusen und Körperkontakt sind sehr wichtig, um die Bindung zu festigen und Vertrauen aufzubauen … – „Ich fühle mich zu Hause am wohlsten. Wenn Mama und Papa viel Zeit haben, wenn wir alle gemeinsam spielen, rumalbern, schmusen und kuscheln, schöne Dinge machen und richtig viel Zeit miteinander verbringen können … ."
– Familie Schwichtenberg, Bad Lauchstädt, zwei Töchter (7 und 3 Jahre)

Aber auch im alltäglichen Umgang miteinander signalisieren Gesten und Mimik die Gefühle des anderen. Achten Sie einmal darauf, wie das in Ihrer Familie aussieht. Auch hier kann ein Rollentausch spannend sein, denn wir sind uns unserer Gesten und Mimik oft nicht bewusst. Auf diesem Weg erhalten wir von den anderen in der Familie Rückmeldungen, wie manche Gesten bei ihnen ankommen, und umgekehrt.

Von dir zu mir, von mir zu dir ⑫

Mitmach-Idee für Eltern und Kinder: Gefühle zeigen ohne Worte

Durch Malen oder Musikmachen können Kinder – und auch Eltern – ausprobieren, wie sich Gefühle ausdrücken lassen, ohne Worte zu benutzen. Lesen Sie Ihrem Kind eine stimmungsvolle Geschichte vor, zu der es ein Bild malt. Dann können Sie gemeinsam besprechen, was auf dem Bild zu sehen ist und warum Ihr Kind das Bild so gemalt hat.

Wenn Sie ein Musikinstrument zu Hause haben, können Sie mit Ihrem Kind „Gefühle spielen": „Jetzt spielen wir mal ganz traurig" und „Jetzt spielen wir mal wütend oder fröhlich". Das macht Spaß und wer möchte, kann ganze Geschichten „spielen".

Familienkonferenzen

Eine gute Möglichkeit, wichtige Dinge wie beispielsweise den nächsten Urlaub oder gemeinsame Regeln zu besprechen, bieten Familienkonferenzen. Das Thema und der Zeitpunkt werden vorher angekündigt: „Morgen nach dem Abendessen setzen wir uns alle zusammen und planen den Sommerurlaub." So können sich alle in der Familie auf das Thema vorbereiten und eigene Gedanken dazu machen. Alle kommen zu Wort und dürfen die eigenen Bedürfnisse und Ansichten äußern. Hier einige beispielhafte Regeln für den Ablauf einer Familienkonferenz:

- Wir bleiben fair.
- Wir hören uns zu.
- Wir bleiben höflich.
- Wir lassen alle zu Wort kommen.
- Wir lassen die anderen ausreden.
- Wir nehmen Rücksicht aufeinander.
- Wir machen altersgerechte Aussagen, damit es alle verstehen.
- Bei Meinungsverschiedenheiten versuchen wir gemeinsam, Lösungen zu finden.

Diese Vorschläge sorgen für eine gute Gesprächsatmosphäre und lassen sich durch eigene Regeln ergänzen. Achten Sie darauf, dass die Regeln positiv formuliert sind und von allen verstanden werden. Alle Familienmitglieder sollten diese Regeln kennen. Wählen Sie einen geeigneten Ort für die Konferenz wie beispielsweise das Esszimmer. Alle sollten aufmerksam zuhören und sich anschauen können.

Manchmal ist es möglich, direkt in der Familienkonferenz eine gute Lösung zu finden. Es ist aber auch denkbar, dass Sie die Konferenz beenden mit einem „Schön, dass wir jetzt alle Ideen in der Familie kennen. Wir denken noch einmal darüber nach." Eine Entscheidung teilen Sie später allen gemeinsam, vielleicht beim Essen, mit.

Familienkonferenzen dürfen von allen, also auch den Kindern, einberufen werden. Das Schöne an Familienkonferenzen ist, dass sie – mit etwas Übung – Auswirkungen auf das alltägliche Miteinander haben. Wenn alle lernen, in den Konferenzen respektvoll miteinander umzugehen, klappt das auch in anderen Situationen besser.

> *Wir haben sehr gute Erfahrungen gemacht mit der Familienkonferenz. Schöne Erlebnisse sowie Herausforderungen und nötige Veränderungen werden in einer entspannten Atmosphäre angesprochen. Jeder kommt zu Wort, die Kinder fühlen sich wichtig und ernst genommen, jeder hat die „Macht", die Familie zu prägen.* – Katrin Sander, Stutensee, ein Sohn (7 Jahre), eine Tochter (5 Jahre)

Streiten heißt Sich-Mitteilen

Streit gibt es in jeder Familie. Manche Menschen sind temperamentvoller, andere gelassener. Das ist gut so, denn das macht die unterschiedlichen Familienmitglieder aus. Dadurch kann es aber zu Missverständnissen beim Miteinanderreden kommen. Oder unterschiedliche Bedürfnisse stehen gegeneinander, wenn beispielsweise einer aus der Familie laute Musik hören und ein anderer in Ruhe lesen möchte. Manchmal treffen auch gleiche Bedürfnisse aufeinander, wenn beispielsweise zwei Kinder gleichzeitig das neue ferngesteuerte Auto testen wollen.

Von dir zu mir, von mir zu dir

Ein Streit darf laut sein. Gerade, wenn Gefühle wie Wut und Enttäuschung da sind, dürfen und sollten sie auch ausgesprochen werden. Achten Sie aber darauf, dass alle im Streit fair bleiben. Diese Regel können Sie gerne aus der Familienkonferenz auf Konfliktgespräche übertragen. Vielleicht fallen Ihnen auch weitere oder eigene Regeln ein, die Sie übernehmen und ergänzen können.

Ziel eines Konfliktgesprächs ist es, die Bedürfnisse und Gefühle klarzustellen und – trotz allem – eine möglichst gute Lösung für alle zu finden. Nur so kann ein Streit beendet werden. Sonst besteht die Gefahr, dass im nächsten Konflikt vergangene Situationen wieder mit auf den Tisch kommen. Schimpfworte und Beleidigungen sind für alle tabu. Versuchen Sie – auch wenn das manchmal schwerfällt –, möglichst sachlich zu bleiben. Auch hier tragen wertende Aussagen wie „Das machst du ja schon immer so!" oder „Ich habe mir gleich gedacht, dass du sowas sagst!" nicht zur Lösung bei. Wenn Sie dagegen fragen: „Was stört dich denn genau?" oder „Warum bist du jetzt so wütend?", fühlt sich der andere in seinen – vielleicht auch laut geäußerten Bedürfnissen – ernst genommen, wird ruhiger und alle können das Thema weiter diskutieren.

> *Ich versuche mit Diplomatie die Wogen zu glätten. Viel reden hilft viel. Natürlich muss man die Meinungen beider Seiten anhören und berücksichtigen. Oft verstehen die Kinder nach Erklärung auch die Sicht der Eltern und man kann sich wieder annähern und den Ärger begraben.* – Manuela Darre, Wuppertal, eine Tochter (9 Jahre)

Manchmal ist es schwierig, eine Lösung zu finden, mit der alle zufrieden sind. Ein rücksichtsvolles Miteinander beinhaltet, dass jeder auch mal nachgeben kann. Vielleicht lässt sich die Musik auch leiser bei geschlossenen Türen hören, damit Lesen für den anderen möglich ist. Wenn sich beim nächsten Mal die Gelegenheit bietet, darf die Musik dann auch mal lauter gedreht werden. So geht es im Streit nicht um Machtspiele, nicht um Sieger und Verlierer. Die Lösung besteht darin, für alle eine zufriedenstellende Lösung zu finden.

Haben Sie den Mut, Konflikte ernst zu nehmen, negative Gefühle zu äußern und bei einem Streit gute Lösungen zu finden. Dann birgt eine solche Situation letztlich für alle einen wichtigen Erfahrungswert: „Ich habe meine eigene Meinung vertreten, war aber auch bereit, andere zu akzeptieren." Und wie schön ist es, wenn sich alle nach einem Streit wieder vertragen, man sich gegenseitig in den Arm nehmen und gemeinsam einen Spieleabend starten kann ...

Sabine Andresen	**Was unsere Kinder glücklich macht**	Kreuz, Freiburg 2012
Margret Arnold	**Kinder denken mit dem Herzen –** Wie die Hirnforschung Lernen und Schule verändert	Beltz, Weinheim 2011
Udo Baer, Gabriele Frick-Baer	**Wie Kinder fühlen**	Beltz, Weinheim 2010
Paula Bleckmann	**Medienmündig –** Wie unsere Kinder selbstbestimmt mit dem Bildschirm umgehen lernen	Klett-Cotta, Stuttgart 2012
Lu Decurtins (Hg.)	**Zwischen Teddybär und Superman –** Was Eltern über Jungen wissen müssen	Reinhardt, München 2012
Ute Diehl, Simone Wirtz, Renate Zimmer, Ilse Wehrmann	**Mein Bewegungsspielbuch –** Sprache und Bewegung	Duden, Bibliographisches Institut, Mannheim 2011
Andrea Erkert	**Hurra! Wir spielen draußen**	Ökotopia, Münster 2012
Karl Gebauer	**Gefühle erkennen –** sich in andere einfühlen	Beltz, Weinheim 2011
Susan Kaiser Greenland	**Wache Kinder –** Wie wir unseren Kindern helfen, mit Stress umzugehen und Freude und Mitgefühl zu erleben	Arbor, Freiburg 2011
Uli Hauser	**Eltern brauchen Grenzen –** Lasst die Kinder Kinder sein	Piper, Zürich, 3. Auflage 2010
Klaus Heilmann	**Kikis geheimer Kinderratgeber**	Knaur, München 2010
Doris Heueck-Mauß	**So rede ich richtig mit meinem Kind**	Humboldt/Schlütersche, Hannover 2012
Gerald Hüther, Uli Hauser	**Jedes Kind ist hoch begabt –** Die angeborenen Talente unserer Kinder und was wir aus ihnen machen	Albrecht Knaus, München 2012
Gerald Hüther, Inge Michels	**Gehirnforschung für Kinder –** Felix und Feline entdecken das Gehirn	Kösel, München, 3. Auflage 2011
Jesper Juul	**Miteinander –** Wie Empathie Kinder stark macht	Beltz, Weinheim 2012
Möller, Christoph (Hg.)	**Internet- und Computersucht –** Ein Praxishandbuch für Therapeuten, Pädagogen und Eltern	Kohlhammer, Stuttgart 2011
Bärbel Oftring	**Naturlust –** Draußen mehr erleben	Kosmos, Stuttgart 2012
Ulrike Petermann	**Entspannungstechniken für Kinder und Jugendliche –** Ein Praxisbuch	Beltz, Weinheim, 6. Aufl. 2010
Mirjam Rögner-Schneider	**Entspannt durch den Frühling .../** den Sommer/den Herbst/den Winter	Ökotopia, Münster 2011
Malte Roeper	**Kinder raus – Zurück zur Natur** Artgerechtes Leben für den kleinen Homo sapiens	Südwest, München 2011
Holger Schlageter	**Das Geheimnis gelassener Erziehung**	Fischer tb, Frankfurt/M. 2010
Sabine Seyffert	**Entspannte Kinder lernen besser –** Lernspiele und Entspannungsübungen, die vom Schulstress befreien	Humboldt/Schlütersche, Hannover 2011

Literatur, Links & Adressen

Brigitte Smith, Thich Nhat Hanh, Ursula Richard	Entdecke den Schatz in deinem Herzen – Geschichten und Übungen zur Achtsamkeit für Kinder	Kösel, München 2010
Manfred Spitzer	Digitale Demenz – Wie wir uns und unsere Kinder um den Verstand bringen	Droemer, München 2012
Christian Stock	Achtsamkeitsmeditation – Übungen für mehr Gelassenheit im Leben	Trias, Stuttgart 2012; mit CD
Claudia Toll, Ilka Sokilowski	Raus aus dem Haus – Komm und erlebe die Natur!	Kosmos, Stuttgart 2011
Andreas Weber	Mehr Matsch! Kinder brauchen Natur	Ullstein, Berlin 2012
Halko Weiss, Michael E. Harrer, Thomas Dietz	Das Achtsamkeitsübungsbuch – Für Beruf und Alltag	Klett-Cotta, Stuttgart 2012
Michael Winterhoff	Lasst Kinder wieder Kinder sein! – Oder: Die Rückkehr zur Intuition	Gütersloher Verlagshaus, München 2011

www.bildungsserver.de Gemeinschaftsservice von Bund und Ländern. Deutsches Institut für Internationale Pädagogische Forschung (DIPF), Schloßstraße 29, 60486 Frankfurt

www.klicksafe.de Bestandteil des Safer Internet Programms der Europäischen Union. Landeszentrale für Medien und Kommunikation (LMK) Rheinland-Pfalz, Turmstraße 10, 67059 Ludwigshafen, und Landesanstalt für Medien Nordrhein-Westfalen (LfM), Im Zollhof 2, 40221 Düsseldorf

www.schule-im-aufbruch.de Initiative der HUMBOLDT-VIADRINA School of Governance gGmbH, Wilhelmstraße 67, 10117 Berlin

www.sinn-stiftung.eu Präsident & Vorsitz des Stiftungsbeirates: Prof. Gerald Hüther, Geschäftsstelle: Alte Spellerstr. 33, 33758 Schloß Holte-Stukenbrock

---

Anzeige

„Kinder unterscheiden nicht zwischen Lernen und Spielen. Sie lernen beim Spielen."

Prof. Manfred Spitzer, Ärztlicher Direktor der Psychiatrischen Universitätsklinik in Ulm. Leiter des TransferZentrums für Neurowissenschaften und Lernen, Ulm

Hier finden Sie Spieleempfehlungen für Kinder im Grundschulalter. Zum Beispiel zur Förderung des Konzentrationsvermögens, der Motorik und der Teamfähigkeit. Machen Sie die Schule Ihrer Kinder auf die Möglichkeit zur Teilnahme aufmerksam.

www.spielen-macht-schule.de

Eine Initiative des TransferZentrums für Neurowissenschaften und Lernen, Ulm, und des Mehr Zeit für Kinder e. V., Frankfurt/M.

DU SCHAFFST DAS!

Was macht Kinder stark für das Leben?
Was fördert ihr Selbstbewusstsein?
Wie können sie Alltagskonflikte bewältigen lernen?

Antworten liefert die farbenfrohe Publikation „Du schaffst das!".
Mit vielen praktischen Tipps, Anregungen und Spielideen, die im
Alltag weiterhelfen.

Du schaffst das!
Tipps und Anregungen für Eltern,
wie Kinder das Leben meistern lernen,
128 Seiten, farbig illustriert, gebunden,
2003, ISBN 978-3-00-010447-3, 9,20 €

Entdecken Sie noch weitere
Familienratgeber im Online-Shop
des Mehr Zeit für Kinder e. V.

www.mzfk.de